NIÉDE GUIDON

Adriana Abujamra

NIÉDE GUIDON
Uma arqueóloga no sertão

1ª edição

Coleção Brasileiras

Organização
Joselia Aguiar

Rio de Janeiro
2023

Copyright © Adriana Abujamra, 2023

Todos os direitos reservados. É proibido reproduzir, armazenar ou transmitir partes deste livro, através de quaisquer meios, sem prévia autorização por escrito.

Todos os esforços foram feitos para localizar os fotógrafos das imagens e os autores dos textos reproduzidos neste livro. A editora compromete-se a dar os devidos créditos em uma próxima edição, caso os autores as reconheçam e possam provar sua autoria. Nossa intenção é divulgar o material iconográfico, de maneira a ilustrar as ideias aqui publicadas, sem qualquer intuito de violar direitos de terceiros.

Design de capa e ilustração: Hana Luzia
Diagramação: Abreu's System
Design do caderno de imagens: Hana Luzia

CIP-BRASIL. CATALOGAÇÃO NA PUBLICAÇÃO
SINDICATO NACIONAL DOS EDITORES DE LIVROS, RJ

A151n

Abujamra, Adriana
    Niéde Guidon / Adriana Abujamra ; organização Joselia Aguiar. – 1. ed. – Rio de Janeiro : Rosa dos Tempos, 2023.
(Brasileiras)

ISBN 978-65-89828-18-1

1. Guidon, Niéde, 1933–. 2. Arqueóloga – Biografia – Brasil. 2. Arqueologia – Brasil. I. Aguiar, Joselia. II. Título. III. Série.

23-82780
CDD: 930.1092
CDU: 929:902

Meri Gleice Rodrigues de Souza – Bibliotecária – CRB-7/6439

Este livro foi revisado segundo o Acordo Ortográfico da Língua Portuguesa de 1990.

Direitos desta edição adquiridos pela
EDITORA ROSA DOS TEMPOS
Um selo da
EDITORA RECORD LTDA.
Rua Argentina, 171 – Rio de Janeiro, RJ – 20921-380
Tel.: (21) 2585-2000.

Seja um leitor preferencial Record.
Cadastre-se em www.record.com.br
e receba informações sobre nossos lançamentos e nossas promoções.

Atendimento e venda direta ao leitor:
sac@record.com.br

Impresso no Brasil
2023

Para Baltha, Júlia e Laura, minhas raízes.

"Procura a ordem
que vês na pedra:
nada se gasta
mas permanece."

(João Cabral de Melo Neto, "Pequena ode mineral")

SUMÁRIO

A COLEÇÃO BRASILEIRAS   11
PREFÁCIO: A AVENTURA DE NIÉDE   13

1. Niéde no inverno   17
2. Pedras no caminho   45
3. Primeiras expedições   53
4. Parque de papel   81
5. Pedra rachada   95
6. Deus e o Diabo na terra do sol   123
7. Um lugar no mapa   169
8. D'Avignon no sertão   191

9. Ninguém mexe com elas   211
10. Lusco-fusco   225

AGRADECIMENTOS   243
BIBLIOGRAFIA   245

A COLEÇÃO BRASILEIRAS

BRASILEIRAS É A COLEÇÃO que apresenta mulheres que construíram, expandiram e transformaram seus campos de atuação no país – das artes à ciência, do meio ambiente à política.

Estão vivíssimas, no exercício vigoroso de suas atividades e com muito a realizar, ou nasceram em épocas passadas, quando pertencer ao gênero feminino tornava ainda mais difícil a escolha de caminhos, a hora da decisão, a sucessão de oportunidades e o aplauso de seus feitos.

Há aquelas cujo talento e impacto já são celebrados. Outras merecem mais pesquisa, valorização e divulgação junto a um público amplo, para além de suas comunidades, nichos e lutas. O seu reconhecimento se dá por vezes tardiamente, embora sua atuação e obra possuam tal eloquência que é impossível permanecerem inaudíveis, tampouco esquecidas.

Os perfis são breves e pensados para leitoras e leitores de todas as idades que desejam uma primeira aproximação com essas histórias de vida. Escritos numa variedade de estilos no conjunto do que chamamos *não ficção literária,* os volumes possuem abordagem autoral distinta, indo do mais jornalístico ao histórico, entre a narração e o ensaio, como resultado de procedimentos múltiplos, como a observação atenta, a busca em arquivos, as entrevistas *in loco* ou a memória pessoal.

PREFÁCIO
A AVENTURA DE NIÉDE

ARQUEÓLOGA APAIXONADA por arte rupestre, a jovem Niéde Guidon persuadiu, primeiro, os franceses a iniciar uma missão franco-brasileira decisiva no Piauí, no começo dos anos 1970, para o mapeamento de vestígios da pré-história. Convenceu, depois, o governo brasileiro, ainda sob regime militar, que cedeu a seu apelo e a de outros pesquisadores, e, antes do fim daquela década, instituiu uma área protegida, o Parque Nacional Serra da Capivara.

A aventura de Niéde é a de quem faz ciência no Brasil, num campo onde o investimento é ínfimo, quando não inexistente, e numa região nordestina vista como extremamente remota por aqueles que estão no centro de poder. A sua ação persistente há meio século angaria apoio, dinheiro e público interessado. Não só conseguiu manter o parque aberto como o expandiu, desdobrado em outras instituições, a fim de formar novos quadros, contemplar a comunidade local e atrair visitação, ainda modesta quando comparada à de outros sítios arqueológicos do mundo.

O seu legado já seria admirável se, em meio a investigações que nunca cessaram, não lançasse hipótese arrojada, ainda recebida com controvérsia, de que os primeiros povos das Américas habitavam a região muito antes do que o consenso científico admite atualmente, vindos da África por meio de barcos que atravessaram o Atlântico. Independentemente da comprovação do seu argumento, Niéde mostra, com sua trajetória, que o fazer científico não é desprovido de luta política.

Essa mulher incrivelmente enérgica, naqueles dias a poucos meses de completar 90 anos e enfrentando as perdas da pandemia de covid-19, recebeu Adriana Abujamra para o perfil tocante que abre esta coleção. Atenta a uma infinidade de sutilezas de Niéde e o seu entorno, sensível ao que vê, anota, escuta e grava, constrói um retrato multifacetado da arqueóloga, apreendendo seu talento empreendedor e humor bravo, entre afetos cultivados no decorrer de décadas e conflitos inerentes ao papel desempenhado local e globalmente. Adriana conta, também, bastidores das pesquisas arqueológicas em todo o mundo e o dia a dia dos sertanejos que vivem nas vizinhanças do parque.

Impossível não embarcar nesta expedição. Conhecer Niéde nos inspira a abraçar projetos considerados por vezes inglórios. A defesa daquele patrimônio interessa não só aos brasileiros, como a toda a humanidade.

Joselia Aguiar
Organizadora da coleção

1. NIÉDE NO INVERNO

NIÉDE GUIDON ESTÁ FINCADA no sertão do Piauí. Para chegar até ela, é preciso desviar de bodes, cabras, galinhas e porcos que cruzam a estrada. Única forasteira no carro, me agarro à alça de segurança quando o motorista freia de forma abrupta, para não perturbar o cochilo de um jegue deitado no asfalto.

Depois de décadas com gente e carga no lombo, os jumentos foram jogados para escanteio. Os sertanejos agora montam no selim da motocicleta, com mulher, bebê, sacolas, colchão e escada. Pneus e patas na mesma pista são motivo de acidentes frequentes em São Raimundo Nonato, maior cidade dos arredores do Parque Nacional Serra da Capivara. A prefeita já decretou: animal solto será apreendido, os donos que tomem tenência.

Ao entardecer, os moradores da cidadezinha sentam para prosear em cadeiras nas calçadas, com a vista da muralha da serra ao longe. Por falta de tempo, e bastante por temperamento, o hábito nunca foi incorporado pela "doutora", como a arqueóloga franco-brasileira, nascida em Jaú, interior de São Paulo, se tornou conhecida na comunidade.

Niéde chegou ao Piauí e começou a espalhar raízes no território dos sertanejos na década de 1970. Seu desejo era preservar os vestígios da trajetória dos homens pré-históricos que viveram na região, tendo as pinturas rupestres como seu legado famoso. O empenho da arqueóloga fez nascer o Parque Nacional Serra da Capivara – hoje considerado patrimônio cultural da humanidade –, dois museus e a primeira universidade federal instalada numa cidade do interior nordestino.

O pedaço da caatinga onde ela vive até hoje conta muitas histórias: a de nossos antepassados, a dos povos que se ressentem por terem sidos tirados de lá para que o parque se desenvolvesse, e a de Niéde, sua mentora e guardiã.

•

UMA CANCELA COMANDADA APENAS por mulheres libera o acesso ao terreno arborizado onde ficam um anfiteatro, o Museu do Homem Americano, os laboratórios de arqueologia, botânica, paleontologia e zoologia, e a casa de Niéde, todos pintados no mesmo tom de pêssego. Está tudo fechado, silencioso e vazio. Estamos em dezembro de 2021, doses de vacinas contra a covid já estão sendo aplicadas, mas a vida ainda não voltou ao que era antes. O ar abafado se intensifica com o uso da máscara de proteção.

A placa no portão de madeira traz a inscrição do inferno, emprestada do poema *A divina comédia*, de Dante Alighieri: "*Lasciate ogni speranza, voi che'entrate*" – deixai toda a esperança, vós que entrais. A campainha é um sino. À primeira badalada, sou saudada pela poodle Chloé, pela maltês Fifi e pelos dois shih tzu de focinho achatado, Frida e Romeu. Eles saltam de camas e poltronas abarrotadas de bichinhos de pelúcia amarelados, abanam o rabo e latem. Já o gato não se abala, permanece lânguido sob o sol matinal.

Isabela de Souza aparece arrastando os chinelos de dedo para abrir o portão e conter os cães. Leva no ombro um paninho úmido, sempre à mão, para passar no rosto e se refrescar. Empregada da casa há duas décadas, é neta de indígena, filha de pai branco e mãe negra. "Meu povo é uma mistura danada", explica, seguida pelo séquito de cães e me conduzindo até a doutora. "Aqui era cheio de gente que frequentava, agora foi tudo embora."

A CASA É CERCADA por uma ampla varanda. Uma fotografia enquadrada na parede do corredor da área externa mostra a arqueóloga levantando uma pedra imensa enquanto é observada por um mateiro, morador da região, contratado como guia por seu conhecimento profundo da área.

"Viu como eu era magrinha?", pergunta Niéde ao se aproximar do retrato, o passado preso à parede.

De aparência miúda e robusta, pouco mais de 1,50 metro, sobrancelhas grossas e cabelos brancos desalinhados a cair sobre os olhos, usa camiseta larga por cima da calça e dos tênis. Sempre caminha com a ajuda de uma bengala. O som do cajado de madeira no chão marca o ritmo de seus passos.

A cena do quadro aconteceu em uma das diligências comandadas por ela, nos idos da década de 1970. Os sertanejos que a acompanhavam olharam o pedaço de rocha e permaneceram no mesmo lugar, até que um deles tirou o chapéu da cabeça e avisou algo como: "Olha, doutora, a pedra pesa demais da conta, não vai dar." Niéde deixou o sujeito falando sozinho, foi lá, puxou a pedra e pronto.

A arqueóloga segurava os blocos no chão para que os homens os quebrassem em pedaços menores com uma marreta. Assim ficaria mais fácil carregar depois. Os sertanejos tinham medo de errar a mira e acertar o dedo da doutora, que não deixava barato: "Frouxo. Troca, que esse já cansou."

O FOGÃO A LENHA no final do corredor é usado para preparar receitas mais demoradas. Niéde é cozinheira de mão cheia, não há nas redondezas restaurante à altura de seus quitutes, de canapés de castanhas torradas a pato temperado com ervas. Ao final dos banquetes, a anfitriã costumava presentear os comensais com echarpes feitas em Lyon com motivos rupestres.[1]

Niéde ainda checa os ingredientes na geladeira e sugere o prato do dia, mas agora Isabela assumiu de vez o comando das panelas, tanto que a patroa mandou providenciar uma placa na porta do recinto: "Cozinha de Isabela."

---
1. "A Tarzan do sertão", *O Globo*, Caderno Ela, 11 set. 2004, p. 1.

"Vamos entrar?", convida, afastando com o punho uma mecha de cabelo que cai sobre seus olhos e lhe tampa a visão.

O ESPAÇO É INTEGRADO. De um lado, a sala de televisão e uma mesa de jogos, encostada, já sem serventia; no outro, estantes com livros, discos e condecorações recebidas. O canto de trabalho conta com dois computadores, cada qual com um minicachorrinho de pelúcia acoplado ao monitor. O descanso de tela é uma foto do parque. A vegetação do quintal se apresenta através das paredes de vidro.

"Arranquei todas as cortinas. Não tenho vizinhos, só árvores e passarinhos", diz Niéde, ao se sentar à cabeceira da mesa onde costuma fazer as refeições.

Sua médica, de São Paulo, lhe impôs uma série de restrições alimentares. A paciente reclamou – não pode sal, não pode manteiga, não pode isso nem aquilo –, mas as três taças de vinho diárias ninguém lhe tira.

Ao saber que os doutores ingleses queriam privar a então quase centenária rainha Elizabeth II de seu prazer etílico, indignou-se: "A esta altura da vida?!" A adega da arqueóloga está sempre apinhada de vinhos franceses encomendados na Casa Santa Luzia, em São Paulo, que manda remessas à freguesa, garantindo que bebida nunca lhe falte.

Se eu não soubesse desse gosto por vinhos, caro leitor e leitora, talvez nós não estivéssemos conversando agora. Na noite anterior à minha viagem, recebi uma mensagem avisando que a arqueóloga andava desanimada, em dúvida sobre receber visitas. O risco de ela declinar do convite para encontrá-la durante minha estadia no Piauí era grande. Como assim? Impossível. Rodei à noite pela cidade atrás de uma garrafa da bebida com rótulo francês e de boa safra para presenteá-la.

"O segredo da longevidade é o vinho. Os franceses bebem todos os dias e têm uma das menores taxas de problemas cardíacos", diz, salientando os benefícios de seu hábito.

As longas caminhadas que Niéde fazia pelo parque, seu principal exercício no decorrer de cinquenta anos, foram substituídas por passeios na pista de 450 metros construída no quintal. Ali há também uma pequena piscina – fechada por conta dos sapos que acabavam se afogando – e um gradil com filhotes de gatos à espera de quem queira adotá-los.

Outro dia, num desses giros matinais, ela tropeçou no felino e tomou um tombo. Nicinha, a diarista que aguava as plantas, e Isabela, da cozinha, ouviram o grito e correram para acudi-la.

Em 2018, Niéde se despediu da presidência da Fundação Museu do Homem Americano (Fumdham) e da direção dos automóveis. Desde o início da pandemia, uma funcionária que tirou carteira de motorista faz as compras e leva a doutora para o único giro fora de casa: ir ao banco para fazer a prova de vida.

"QUER CAFÉ?", oferece a anfitriã, a caminho da máquina de espresso. Niéde tira uma dose para cada uma de nós em xícaras de cerâmica com desenhos rupestres e me indica o filtro para eu encher dois copos de água. Observo um arsenal de artifícios para liquidar moscas, de raquetes a uma armadilha eletrônica. Um de seus esportes favoritos é dar cabo dos insetos a zumbir no seu ouvido. Há milênios a humanidade tem se armado das mais diferentes artilharias, de pedras a sapatos, para liquidar esses seres irritantes – e nós é que somos sábios.

Nos primórdios das expedições no sertão, ela andava dias com fome e sede, o que impunha à equipe um regime espartano e tornava os banhos inviáveis, diz, já de volta à mesa e sorvendo a bebida quente. À noite, quando dava, passavam no corpo lencinhos umedecidos com cheiro de lavanda. A reunião de cheiros criava um futum que repelia as muriçocas – tinha lá sua serventia.

O método de controle das moscas pela higiene parca já tinha sido abandonado havia muito quando o *Aedes aegypti* a picou. Embebida em fragrância francesa, a arqueóloga foi infectada com dengue, zika e chikungunya. Sua falta de cuidado com a saúde, somada ao joelho operado depois de prender a perna entre duas rochas e aos anos agachada, cavando em busca de artefatos antigos, detonou a cartilagem de suas articulações e a fez depender de bengala.

Já os mateiros fazem um diagnóstico diferente. Para eles, a saúde frágil da doutora é resultado de anos a fio caminhando na mata e se alimentando de comida enlatada. Prato que se preze, ensinam, tem que ter sustância: feijão-de-corda, macaxeira, carne de bode, macarrão, vinagrete e rapadura.

O PARQUE NACIONAL Serra da Capivara tem uma área de aproximadamente 130 mil hectares e ocupa parte dos municípios de São Raimundo Nonato, João Costa, Brejo do Piauí e Coronel José Dias.

A exuberância arqueológica do entorno contrasta com a pobreza que persiste na região. Guaribas, no sudoeste do estado, foi a cidade piloto do Programa Fome Zero – lançado pelo governo Lula em 2003 –, por apresentar o menor Índice de Desenvolvimento Humano do país.

Niéde elege meio ambiente e cultura como eixos para a transformação econômico-social. O parque é sua aposta para que isso aconteça. O ar calorento e as moscas são incômodos menores quando se concentra em seu grande problema, a dificuldade de conseguir recursos para preservá-lo.

Em outros países, sítios arqueológicos costumam atrair uma multidão de turistas por mês; por aqui, ainda não chega a 30 mil por ano. Autoridades brasileiras têm por hábito tratar o conhecimento sobre nossos ancestrais na região como coisa sem tanto valor, não raro descrevem os vestígios pré--históricos como "porcarias antigas", "rabiscos de caboclos pelados" e "mero lixão soterrado". A luta tem sido árdua.

Um dia, de tão aborrecida com o descaso das autoridades, a arqueóloga deu um ultimato: caso não recebesse a verba prometida, despacharia as urnas funerárias de nossos primos distantes até Brasília.

As autoridades que se virassem para preservar os ossos depositados na rampa do Palácio do Planalto.[2]

Noutra feita, reunida com os poderosos da região, acusou-os de gatunos, lerdos e parvos. "Ladrões são todos políticos", disse. Não parou por aí. Argumentou que, se conseguissem desenvolver a região, poderiam roubar muito mais, no que provocou gargalhadas nervosas dos convivas.[3]

Reiteradamente a arqueóloga se amaldiçoa por ter trocado a capital francesa por uma aldeia no meio do nada, de modo a se dedicar a um projeto para o qual ninguém dá lhufas. "Largo tudo e volto para Paris" tornou-se seu mantra.

O tempo passou, Niéde ficou. Vieram a idade, a aposentadoria, a pandemia e as perdas. Acostumada a ir três vezes por ano à França, tem se contentado com as visitas virtuais. Pela ponta dos dedos na tela do computador, passeia pelo Sena e pelo Musée de l'Homme, na ala Passy do Palais de Chaillot, onde trabalhou.

---

2. Evanildo da Silveira, "Falta de verba ameaça tesouro arqueológico", *O Estado de S. Paulo*, 28 nov. 2003, p. A11.
3. Isaac Simão, "As vidas do Parque Nacional da Serra da Capivara", *((o))eco*, 18 jun. 2017.

A sua fala parece ecoar Ernest Hemingway, em *Paris é uma festa*: "Se você quando jovem teve a sorte de viver em Paris, então a lembrança o acompanhará pelo resto da vida." Mas a Paris da franco-brasileira está mais para a Pasárgada de Manuel Bandeira: paraíso perdido, refúgio que só existe na imaginação, mas que, por necessidade de acalento e puro hábito, segue a evocar.

"Para onde vou agora?", pergunta, sem alterar a voz, pausada. "Não saio de casa. Acabou, não quero saber do passado, esqueci tudo e pronto."

As pessoas mais próximas se esforçam para animá-la, dizendo que é uma estrela por ter viabilizado o projeto, que a dedicação de mais de cinquenta anos à Serra da Capivara será seu legado e que o parque foi o único destino brasileiro escolhido numa seleta lista dos melhores lugares para se viajar pelo mundo, segundo o jornal *The New York Times*.

"Desperdicei a minha vida", lamenta. "Morando aqui não sirvo nem pra adoecer."

Cogitou se mudar para uma cidade que dispusesse de uma rede de saúde capaz de socorrê-la em caso de emergência. Para chegar aos centros mais próximos, é necessário encarar horas de estrada.

Petrolina, município de Pernambuco, está a 302 quilômetros. Teresina, capital do Piauí, ainda mais longe, a 523 quilômetros.

"Não suporto cheiro de cidade. Gosto do verde, da tranquilidade e do silêncio. O negócio é ficar aqui mesmo, sou uma velhinha."

Mas o que é o tempo? Nascida em 1933, Niéde é um feto se comparada aos cerca de 4,5 bilhões de anos da Terra, aos 540 milhões do surgimento dos primeiros animais e aos 250 mil do *Homo sapiens* – ou mesmo se forem considerados os 60 mil anos do início do povoamento das Américas, para usar a datação que a arqueóloga defende desde a década de 1970, uma questão ainda bastante polêmica.

ISABELA APARECE seguida pelos cães. "Doutora", diz, encostada ao batente da porta, "pedi pro moço do computador ensinar como é que pede a ração." "Eu sei pedir", responde Niéde.

A empregada insiste: "Tem que ser..." Mas Niéde a interrompe: "Eu sei, Isabela. Se você pedir aí quem paga é você", provoca.

"Não, quem paga é a senhora", retruca a outra. "Então sou eu que peço", arremata Niéde, encerrando a questão.

Patroa e empregada compartilham o gosto por animais. Nenhuma das duas quis se casar ou ter filhos. Isabela, para não correr o risco de repetir a sina de sua mãe: "Meu pai bebia muito, ficava nervoso, batia na minha mãe. Saí de casa com 12 anos, de medo." A opção de Niéde é dada em tom de blague: "Se pudesse, jogaria todas as crianças para as onças comerem", diz. "Gosto do filho dos outros; começa a me aborrecer e gritar, jogo pra fora", resmungou em outra ocasião. "Criança eu gosto assada, com uma maçã na boca", diz, no humor que lhe é peculiar.[4]

Dentre os bichos acolhidos pela dupla, já teve caititu, seriema, macaco, raposa, um veado que tomava leite na mamadeira no colo de Niéde e duas onças, que chegaram baleadas. A pequeninha e sem dentes ficou a cargo de Isabela; a maior, aos cuidados da arqueóloga, mais hábil para tourear a fera.

"As bichinhas chegaram igual um gatinho, precisava de ver, desse tamaninho", explica Isabela, aproximando a palma das mãos uma da outra e depois afastando, na tentativa de encontrar a medida exata.

---

4. Nara Madeira, Elton Viana, Saul Lemos *et al.*, "Niède Guidon: memórias pintadas na pedra ou um olhar para o passado, presente e futuro", *Revista Entrevista*, 2000, p. 94.

De capivara nunca cuidaram, tampouco viram por ali. Esse mamífero roedor dá nome ao parque, mas não circula pela região há muito tempo, corre apenas nas linhas das pedras.

A Fundação Museu do Homem Americano (Fumdham) administra o parque em parceria com o Instituto Chico Mendes de Conservação da Biodiversidade (ICMBio). Os biólogos do ICMBio defendem que nenhum visitante dê comida aos animais do local, para evitar alterar os hábitos alimentares dos bichos. Niéde os ignorava, afinal, se o homem derrubou árvores, matou animais, fez todas essas "porcarias", por que raios ela não pode nutrir os pobrezinhos?

Um dia, penalizada com a penúria dos macacos na estiagem prolongada, foi mais uma vez distribuir mandioca, milho e banana a eles. Os espertos já tinham apreendido a associar aquela senhora à comida. Ao ouvirem o motor do carro, correram para cercá-lo. Quando não havia mais nada para comer, zangaram-se e lascaram-lhe tapas na bochecha.

"Ficou toda vermelha a cara da doutora", recorda Isabela. "Eu mais os cachorrinhos já estávamos dentro do carro esperando, deu medo." Noutra feita, um bando de macacos-pregos encasquetou de arremessar pedras na equipe de arqueólogos que escavava lá embaixo. A mira dos primatas era certeira.

Uma parede da sala é apinhada de fotografias de Chloé – não a cadela atual, a anterior. A cachorrinha da raça schnauzer dividia a cama com Niéde e a acompanhava em todo canto. Se ignorada, fazia muxoxo, dava as costas, só voltava a interagir quando faziam sua vontade. A arqueóloga não poupava esforços para mimá-la, molhava os dedos no vinho para a companheira lamber e, em viagens aéreas, fazia questão de que Chloé voasse ao seu lado, não trancafiada em uma cestinha no bagageiro como os outros animais. Aliás, ela em nada parecia um animal: era a filha que Niéde não teve.

Entre as pessoas que conviveram com as duas, não há quem não se lembre do xodó de uma pela outra. Quando iam ao parque, Chloé e os outros cães se acomodavam no banco traseiro, sempre sob a supervisão de Isabela. Certa feita, a cachorrinha caiu dentro de um poço e Niéde, de roupa e sapato, só fez pular. Saiu da água meio esverdeada de lodo, com o animal em seus braços.

Não teve jeito no dia 28 de julho de 2001. Um motorista deu ré no carro e passou por cima de Chloé. A dona correu para tentar salvá-la, colocou o corpo inerte do cão no carro, ignorou o motorista atordoado a se desculpar e fez o percurso de volta em silêncio.

A notícia da tragédia se espalhou rapidamente. Amigos mais próximos foram aguardá-las. Isabela, sem coragem de participar do cortejo, correu para dentro da casa chorando. Depois de jogarem terra por cima de uma cova no canteiro, Niéde se fechou no quarto e passou uma semana desacorçoada e sem apetite.

Não faltou gente levando cachorro para aplacar sua dor. Isabela até batizou uma das cadelas de Chloé, mas a arqueóloga me garante que a xará em nada se assemelha à original. Para me convencer, aponta para a impostora no quintal, esbaforida, arfando com a boca aberta e a língua para fora, sem um pingo da elegância da outra. "Olha a Chloé fugindo do gato", diz rindo, sem mostrar os dentes e emitindo um som monocórdio. "Cuidado, Chloé, o gato vai te pegar", provoca.

Pergunto como ela se recuperou da perda precoce de Chloé. "Nunca mais me recuperei", responde. Após passar minutos assistindo ao pega-pega dos animais, Niéde recosta novamente na cadeira e prossegue. "Chloé era a minha preferida, não dá para substituir. Depois que ela morreu não quis mais cachorro. Esses são todos da Isabela."

Niéde enterrou Chloé e todos os outros bichos que morreram depois dela no mesmo canteiro. As flores plantadas sobre os túmulos sem placas nem pompas estão murchas e esturricadas. "Não vou ao cemitério nem para ver meus pais e meus avós", diz a arqueóloga. "Uma vez enterrado não tem mais nada, não me interessa." Ossos, só os de tempos remotos.

NIÉDE SE DIZ "PRÉ-HISTÓRICA". A explicação é sua: "Não gosto de reunião por computador ou telefone, não escrevo no celular, não gravo áudio, nada. Só uso para falar, desligo e pronto." Por outro lado, sempre se mostrou entusiasta da tecnologia: adquiria as novidades tão logo estivessem disponíveis no mercado, tem dois celulares à mão – um particular, outro da fundação – e passa as manhãs no computador: paga as contas, troca e-mails e joga paciência.

Quando jovem, gostava de dançar em cabarés – tango em Buenos Aires, valsa em Viena –, ir a cassinos apostar as fichas no pôquer ou às quadras para partidas de basquete, vôlei e tênis. A atleta agora treina diariamente para atingir a nota máxima e receber o título de mestre dos mestres do jogo paciência. O computador distribui o baralho e Niéde se esquece da vida, concentrada em alinhar as cartas pelo naipe e pela ordem numérica.

No dia anterior, durante uma de suas jogatinas, o aparelho deu tilte. O diagnóstico do técnico foi o seguinte: "Às vezes o cabo do computador se isola e perde a conexão."

"Aqui fico muito sozinha, vivo fechada em casa. Quem vem me ver?", lamenta.

Para se proteger do coronavírus, a arqueóloga deixou de receber turistas e alunos de colégios em excursão pela Serra da Capivara. Todos faziam questão de conhecê-la e levar algum regalo – mas eram tantos que não cabem mais em sua casa. As únicas que a visitam com frequência são as paulistas Gisele Daltrini, ex-aluna e arqueóloga; a arquiteta Elizabete Buco – a Bete –, responsável por vários projetos do parque, como os museus, e também pela casa de Niéde; e a uruguaia Rosa Trakalo, coordenadora de projetos da Fumdham e envolvida com a recepção de turistas na região. Se uma delas fala de trabalho, a anfitriã democraticamente decide a questão: aumenta o volume da televisão e fim de papo.

Rosa, a amiga mais antiga das três, brinca que se transformou no *backup* da doutora; é a ela a quem Niéde recorre quando precisa lembrar datas e outras informações. Acostumada a ser confundida com a arqueóloga nas ruas, mais de uma vez se deixou passar por ela, tirou fotos e deu autógrafos. O mimetismo, evidente no modo de se vestir e no corte de cabelo, é resultado de uma amizade de quase meio século.

"Se somos parecidas, não sei. Eu não me vejo", diz Niéde, com vinte anos a mais do que a amiga uruguaia.

As duas se conheceram em uma missão da Organização das Nações Unidas (ONU) para a Educação, a Ciência e a Cultura (Unesco) em Salto, um dos maiores projetos de resgate arqueológico do Uruguai, liderado pela franco-brasileira na década de 1980. Rosa foi escalada para auxiliar a franco-brasileira. No primeiro encontro, a viu de cócoras, comendo *grapefruit*, suja do caldo da fruta, revoltada, dizendo que precisava de um barco a motor para quatro pessoas. Senão, nada feito, onde já se viu?, que absurdo.

Rosa entendeu que Niéde era especialista em protestar e exigir tudo para ontem. "Uma espécie de trator de esteira: engata e vai", disse a uruguaia em uma de nossas conversas. Não fosse assim, salientou, talvez a doutora não tivesse feito o que fez. Rosa foi morar no sertão, sempre com a certeza de que sua missão seria cuidar de Niéde quando ela estivesse velha. "Rosa não cuida de mim. Ninguém cuida de mim. Eu cuido de mim", reage Niéde quando o assunto vem à baila.

À TARDE, A ARQUEÓLOGA assiste aos noticiários, ora do Brasil, ora da França, para se inteirar "das desgraças do mundo": as novas cepas do vírus, as "chatices" das precatórias, a invasão da Ucrânia pela Rússia e as "sandices" do então presidente da República, Jair Bolsonaro. Para recordar: além de tripudiar dos mortos na pandemia de covid-19 e boicotar as vacinas, Bolsonaro considera o patrimônio arqueológico brasileiro um "cocozinho petrificado de índio".[5] Inclusive cortou funcionários do Instituto do Patrimônio Histórico e Artístico Nacional (Iphan), depois que a autarquia federal interditou uma obra de um amigo empresário.

"O mundo está cada vez pior. Não tenho mais esperanças." Irritada com as notícias, Niéde costuma trocar de canal para assistir a campeonatos de jogos

---

5. Paula Sperb, "Cocozinho petrificado de índio barra licenciamento de obras, diz Bolsonaro", *Folha de S.Paulo*, 12 ago. 2019.

femininos, alternando a atenção entre o movimento das jogadoras na quadra e o dos animais na sala.

"Ô, cachorrada!", diz, batendo com força a bengala no chão para espantar os cães que inverteram o jogo e agora perseguem o gato. Ordem ignorada, afasta a cadeira e caminha até lá para pôr um ponto final na algazarra. Respiração mais acelerada depois do esforço, senta novamente. O felino se aninha aos seus pés.

Silêncio.

Borboletinhas amarelas dançam em bando lá fora.

O gato cochila.

Isabela varre a varanda.

"Tá vendo que vida agitada?", pergunta Niéde, a tamborilar os dedos sobre a mesa.

DURANTE ANOS, um aparelho de som lhe proporcionou a experiência de ouvir música da maneira mais pura possível, como se estivesse de volta às casas de espetáculo parisienses. Mas a vitrola quebrou e Niéde nunca mais encontrou nenhuma à altura.

"Ah, em Paris eu assistia a espetáculos lindíssimos. Já ouvi ao vivo os melhores cantores na Alemanha, na Itália e na França. Só a Maria Callas vi mais de uma vez. Agora fico com raiva, não é a mesma coisa, não quero mais nada."

Calou-se a soprano grega, uma de suas preferidas. Sinfonia, no momento, apenas da revoada de pássaros que acodem ao seu jardim. São tantos, que a dona da casa grudou adesivos com a imagem de aves nos vidros para criar uma barreira visual e evitar que o coro voador colida e se espatife no chão.

"ESSES DIAS TEM ESTADO mais fresquinho. Choveu bastante esta noite", diz, apontando o quintal ainda molhado.

Através das paredes de vidro, Niéde acompanha o andar do tempo pelo ponteiro da paisagem. No período de seca, chamado de "verão" pelos sertanejos, os animais restringem seus movimentos: insetos e anfíbios entram em dormência, as árvores perdem a copa, a cor e a graça. A vegetação fica com um aspecto alvacento, por isso os indígenas a batizaram de "caatinga", "mato esbranquiçado" em tupi-guarani.

Em meados de novembro, das extremidades de uma planta espinhenta e semelhante a um candelabro, surgem flores brancas e frutos de cascas em tom vermelho assanhado. É o mandacaru – ou babão, como dizem os sertanejos, por conta da polpa branca, feito baba, do fruto do cacto. A ele segue toda a vegetação, a brotar da terra.

"É o ciclo da vida", diz Niéde. "A alternância das folhagens lembra o outono europeu, depois nasce tudo de novo. Uma semana de chuva e já está tudo verde, mais agradável, e as flores, mais felizes, veja", convida, voltando o olhar para a paisagem preservada em seu quintal.

A ideia corrente é de que a caatinga é uma espécie de prima pobre dos biomas: mata esturricada, sem atrativos e localizada nos cafundós – estereótipo que não faz jus à sua misteriosa capacidade de ressurgir exuberante após secas prolongadas, como as do semiárido brasileiro. Essa filha bastarda existe apenas no Brasil. Grande parte do patrimônio biológico dessa região não é encontrado em nenhum outro lugar do mundo. A caatinga abrange os estados do Ceará, do Rio Grande do Norte, da Paraíba, de Pernambuco, de Sergipe, de Alagoas, da Bahia, do Piauí e o norte de Minas Gerais. Corresponde a cerca de 11% do território nacional e 70% do Nordeste; não é encontrada em todo o sertão. Onde a umidade é maior, as chuvas são mais regulares. Chamados de "brejos", esses locais possuem uma vegetação mais diversificada e estão localizadas normalmente no sopé de serras e chapadas.

As temperaturas do semiárido são altas o ano inteiro, como demonstra o termômetro pregado na porta da casa de Niéde, ultrapassando os 30 graus no tal inverno sertanejo. De abril até meados de novembro, o sol costuma castigar a paisagem, embora a região já tenha amargado anos a fio sem cair um pingo de água, como testemunhou a arqueóloga. Uma das mais longas secas no Nordeste durou sete anos e teve seu auge em 1981. Diante da situação, marcada por desespero, fome e ondas de saques, o então presidente João Figueiredo disse que só restava rezar para chover. A prece resultou em nada.

Niéde não acredita em Deus, mas diz desconfiar da existência do Capeta. "Um dia desses vou embora e direto para o inferno", volta ao seu humor. "O pior é que lá deve fazer um calor desgraçado. Vou ser muito amiga do Diabo e dar umas ideias a ele."

Que tipo de ideia? Deixar os animais reinarem sozinhos na Terra e levar toda a nossa laia para as trevas. Ri com o canto da boca, e então acrescenta: "Mas não ia caber tanta gente no inferno, teríamos um problema de superlotação."

Volta a ficar séria e arremata: "O Demônio é o próprio homem, um animal terrível. Se vangloria de ser o único que ocupou o planeta inteiro. Mas a que custo?"

A arqueóloga sempre achou um disparate a presunção de nossa espécie se considerar superior às demais e costuma recorrer a lendas de povos africanos que apresentam a humanidade como um tipo de involução. Uma delas diz que o gênero humano surgiu do cruzamento entre um macaco e um porco.

"A evolução levou animais a correr, a ter garras fortes e a voar. E o homem? Progrediu até perder a noção de limites. Mas a força da natureza é tal que basta um vento mais forte para derrubar uma cidade inteira."

ISABELA APARECE para checar se a doutora se lembrou de tomar o remédio. "Ela me vigia", diz Niéde, fingindo que cochicha, mas falando propositalmente alto, para ter certeza de que a outra escute.

Os cachorros saem atrás da empregada, sobra o gato a cochilar. A arqueóloga encara o felino aos seus pés e diz que ainda não encontrou um nome para ele. "E seu nome, vem de onde?", pergunto. Seus pais a batizaram inspirados no rio Nied, que corta a França e a Alemanha.

"Sou um rio, corri o mundo, conheci muitos lugares", diz. "Mas agora não vou para lugar nenhum. Vim pra instalar tudo e acabei nesta terra para sempre." Niéde assinou seu nome por um bom tempo à moda francesa, com o acento grave na letra "e", até adotar de vez o acento agudo, comum entre brasileiros.

A jornada de um herói começa quando ele deixa sua aldeia e se lança ao mundo. Aqui o enredo é o inverso: "Saí de Paris para quase sumir do mapa", debocha Niéde.

Deixemos por ora a arqueóloga entretida com os cães e o gato. Vem comigo entender como a franco--brasileira se tornou essa "sertaneja raiz".

2. PEDRAS NO CAMINHO

"LARGA ISSO, SILVIA!", ralhou Niéde, no volante, quando a copilota sacou o isqueiro e um cigarro da bolsa.

"Você bebe e eu não te encho", rebateu a amiga, puxando o primeiro trago de cigarro e soltando a fumaça vagarosamente pela boca.

Era dezembro de 1963. Chovia a cântaros. Niéde retornava de uma temporada em Paris: egressa de uma graduação em história natural da Universidade de São Paulo, havia se mudado por dois anos para fazer uma especialização em arqueologia pré-histórica da Sorbonne. Estava de volta ao Brasil e ao seu trabalho no Museu Paulista da USP, conhecido como Museu do Ipiranga. O seu projeto mais empolgante foi montar uma exposição fotográfica sobre pinturas rupestres de Lagoa Santa, em Minas Gerais, as únicas conhecidas no país à época.

Um dia, foi surpreendida pelo prefeito de Petrolina que, de passagem por São Paulo, aproveitou para lhe mostrar imagens de slides de painéis pintados em um abrigo sobre rocha na Serra da Capivara. Nos termos do político, "uns desenhos de caboclos".

Na primeira folga, Niéde convidou as arqueólogas Silvia Maranca, italiana, e Bente Bittmann, dinamarquesa, e o fotógrafo Guglielmo Rossi para verem de perto as pinturas rupestres em pedras. Aboletaram-se em um fusca e pegaram a estrada rumo ao Piauí.

Os mais de 2 mil quilômetros entre um ponto e outro eram asfalto de sobra para papos e sopapos. A cada cigarro acendido, Niéde soltava impropérios em português, francês, italiano e espanhol. Silvia retrucava que nem mesmo no porto se falava tanto palavrão; até os marinheiros ficariam corados.

As duas se conheceram através do jornalista e advogado Paulo Duarte, um dos responsáveis pelo desenvolvimento da arqueologia acadêmica no Brasil e figura decisiva para que Niéde se especializasse na área. Naquele período, o panorama da área no Brasil era incipiente, reduzido a Minas Gerais, aos sambaquis da costa sul e um pouco a Marajó.[1]

Silvia imigrou da Itália para o Brasil ainda menina. Sua família é de uma região próxima a Pompeia, cidade no sul do país europeu, soterrada no ano 79 da Era Cristã por cinzas vulcânicas, de onde emergiu a ciência da arqueologia.

Quando jantava à mesa com os Maranca, Niéde aproveitava para provocar Silvia. Entre uma garfada de massa e um gole de vinho, perguntava para os pais da amiga como era possível pessoas tão distintas como eles terem gerado um "troço feito a Silvia".

Catuca de cá, de lá, mas, na hora do vamos ver, era uma pela outra, feito irmãs.

Em fevereiro daquele mesmo ano, um arranca-rabo na estrada já tinha rendido até matéria no jornal. Niéde, Silvia e mais duas colegas de trabalho voltavam de uma escavação na ilha de Santo Amaro,

---

1. Adriana Maria Ferreira Martins, "Parque Nacional Serra da Capivara: patrimônio cultural da humanidade", 2011.

no litoral de São Paulo, quando um carro verde-claro fechou o jipe em que elas estavam. Niéde, no volante, pediu passagem. Em vão. Quando finalmente conseguiu ultrapassá-lo, fez um gesto indicando que o sujeito deveria liberar a pista.

O motorista acelerou até emparelhar os automóveis para xingá-la com palavras de uma "sujidade incrível", como escreveu um jornalista na época.[2] Niéde foi para o acostamento, o sujeito fez o mesmo. Uma vez estacionados, ele saiu soltando fogo pelas ventas e inclinou o corpo até a janela do jipe. Niéde lascou-lhe um tapa, o outro revidou cuspindo na sua cara, uma das colegas saiu do carro para defendê-la e assim tomou um murro na altura do ouvido, deixando-a zonza.

Niéde e Silvia já tinham horas de estradas juntas, mas nada comparado à tentativa de chegar à Serra da Capivara de fusquinha.

"Mais fumaça, Silvia!", reclamou novamente Niéde, tentando se concentrar na pista molhada.

"Vamos fazer assim: largo o cigarro se você largar o vinho."

---

[2]. "Universitárias da USP agredidas na Via Anchieta", *O Estado de S. Paulo*, 3 mar. 1963, p. 16.

"Largo a bebida na hora que eu quiser, Silvia, mas duvido que você consiga parar de fumar", tripudiou Niéde.

Tabaco e álcool foram mantidos, já o fusca teve de parar, na altura de Casa Nova, interior da Bahia.[3] Uma ponte de madeira sobre o rio São Francisco tinha caído –, impedindo que seguissem adiante.

A apenas 250 quilômetros do destino, a comitiva de Niéde deu meia-volta.

SE UMA PONTE CAÍDA impediu a franco-brasileira de chegar à Serra da Capivara na primeira tentativa, a queda do presidente João Goulart com o golpe civil-militar no ano seguinte, em 1964, adiou ainda mais seus planos de ver de perto as tais pinturas do Piauí.

Houve uma vez que Niéde recebeu a visita de uma tia, irmã mais nova de sua mãe. Com a respiração ofegante, disse estar ali para alertá-la. Um amigo general tinha recebido denúncia anônima acusando Niéde

---

3. Na década de 1970, época das grandes obras do governo militar, Casa Nova mudou de lugar após a construção da barragem de Sobradinho e a consequente inundação de sua área original, com várias cidades sendo engolidas pelo Grande Chico. A dupla Sá e Guarabyra compôs a música "Sobradinho" em protesto contra o impacto causado pela usina.

de ser comunista e estar envolvida em atividades subversivas. A princípio, achou graça; como assim, se nem em política acreditava? Mas a insistência da tia, o tumulto, a instabilidade no país não deixaram dúvida, era prudente não arriscar. Tanto é que Paulo Duarte, seu mentor, não tardaria a ser aposentado compulsoriamente na USP e ter seus direitos políticos cassados.

Enquanto procurava o passaporte e arrumava as malas, a arqueóloga matutava sobre quem teria feito tal denúncia. Seu palpite era que os concorrentes derrotados para as vagas de docente na USP estavam alcaguetando os colegas para pegar os cargos.

Niéde deixou o posto na universidade e voltou para Paris, onde se tornou pesquisadora do Centro Nacional de Pesquisa Científica da França (CNRS) e, mais tarde, da Escola de Altos Estudos em Ciências Sociais. Sem dinheiro nem família, a franco-brasileira se sentia "apenas uma pequena arqueóloga", que trabalhava com "madame Emperaire, eu não era ninguém".[4]

---

4. Elaine Dewar, *Bones: Discovering the First Americans* [*Ossos: descobrindo os primeiros americanos*], 2001.

Um contato importante fora estabelecido. Niéde passou a ser assistente de Annette Laming-Emperaire, ou madame Emperaire, como se referiam respeitosamente à arqueóloga francesa. Annette e o marido, Joseph Emperaire, já haviam participado de expedições na América Latina em busca de sinais dos primeiros povos nas Américas. Um dia, ao escavar uma caverna no Chile, uma parede caiu sobre Joseph, a companheira correu para tentar salvá-lo, mas não pôde fazer nada. Em 1961, três anos depois da morte do marido e três antes da partida repentina de Niéde à França, Annette tinha vindo ao Brasil conhecer os sítios de arte rupestre de Lagoa Santa e da Serra do Cabral, em Minas Gerais. Niéde Guidon e Caio Del Rio Garcia, técnico do Instituto de Pré-História da USP, a acompanharam na viagem. Tudo correu bem no trajeto em território paulista, mas, no primeiro controle rodoviário em Minas Gerais, o trio foi parado: o guarda alegou que a lei estadual não autorizava uma mulher a guiar um carro oficial.

Caio se ofereceu para substituir Niéde na direção, mas nem ela nem Annette cogitaram se curvar à regra descabida. Protestaram, argumentaram, tornaram a gritar, recorreram às autoridades, ligaram para Deus e o mundo, fizeram um escarcéu. Não se sabe se por convencimento ou exaustão, as duas venceram a batalha e Niéde voltou a acelerar pela pista, enfim franqueada a uma mulher.

Naquela volta ao território francês, Niéde se instalou em uma chácara no interior, onde plantou flores e, como não?, feijão-preto, ingrediente essencial para uma boa feijoada e opção mais saborosa ao branco e farinhento encontrado por ali. Na primeira colheita, preparou o prato típico do Brasil e convidou os camponeses para provar. Muitos brasileiros expatriados costumavam amainar a saudade no tempero da *chef*.

Logo Niéde assimilou o sotaque local e se integrou à comunidade interiorana. Quando madame Emperaire ia visitar a franco-brasileira, os camponeses comentavam à boca pequena com Niéde que ela os compreendia melhor do que a parisiense.

Embora aclimatada, nunca abandonou a ideia de voltar ao Piauí. O sonho tinha sido apenas adiado.

3. PRIMEIRAS EXPEDIÇÕES

EM 1970, NIÉDE veio ao Brasil acompanhar a antropóloga Vilma Chiara numa pesquisa sobre o povo indígena krahô, no Tocantins, estado que ainda não tinha sido desmembrado de Goiás. Ao final da expedição, convenceu a colega a esticar a viagem até o Piauí. Diferentemente da primeira tentativa malograda, feita sete anos antes, pegou a estrada no verão, sem chuva, sem ponte caída e sem as baforadas dos cigarros de Silvia.

Na porta de cada casa, o silêncio era entremeado por conversas sobre as crias, o sucesso da caça, o saldo da roça ou a partida de um compadre à procura de sorte melhor em outras paragens. O povo vivia essencialmente da criação de ovelhas, cabras e gado e da agricultura de subsistência. Os homens saíam de casa nos dias de feira para vender a produção, quando tinham; as mulheres quase não saíam.

Assim ia a vida, até surgir um jipe tinindo de novo, com duas criaturas que lhes pareciam fora do comum, de cabelo curto, calça comprida, em busca de "rabiscos de índios", como lhes pareciam as pinturas rupestres. Não havia telefone, correio, nada, sequer radioamador, mas a comunidade dominava uma forma de comunicação arcaica, o disse me disse.

"Não sei se são cabra ou mulher", sussurrou o primeiro.

"Tá na cara, todos os dois são machos!", sentenciou o segundo.

"Será?", perguntou uma outra.

Do gênero foi um pulo para desconfiarem também da lisura das arqueólogas, onde já se viu, despencar do fim do mundo do estrangeiro para procurar rabiscos em pedras? Tem caroço nesse angu, decerto caroço valioso.

Ao conto, somou-se um ponto. O telefone sem fio ficou assim: "Chegaram aí uns homens, uns homens baixos, de peito, explorando ouro."[1]

---

1. Solange Bastos, *O paraíso é no Piauí: a descoberta da arqueóloga Nième Guidon*, 2010.

Esse tipo de chacota não era novidade para Niéde, desde pequena ouvindo insultos de outras crianças quando se vestia de marinheiro. Às vezes revidava, mas não é de seu feitio trair a si própria para agradar quem quer que seja. "Nunca me achei estranha. Sempre fui quem eu era", me disse.

De pouca conversa e alheia aos futricos, estava de olho nas pinturas pré-históricas. Os primeiros mateiros a acompanhar Niéde e Vilma foram Nilson Parente e Durval Dias. Montada nos ombros de Nilson, a franco-brasileira correu a ponta dos dedos sobre aqueles traços tenazes. Olhar aquelas pinturas, disse ela, era "como ler uma história em quadrinhos gravada na pedra". As figuras humanas, de braços exageradamente curvos, sugeriam movimentos similares à dança das mulheres krahô, quando elas cantam para o sol nascer. Assim Vilma pensou e comentou com a amiga.[2]

Uma imagem de um homem de falo ereto ganhou dos nativos o apelido de "pirocudo". Talvez o artista não imaginasse que arrancaria gargalhadas de turistas estrangeiras anos mais tarde: "Desde aquela época já queriam contar vantagem."

Em todos os continentes, povos originários deixaram desenhos nas paredes de abrigos sob rochas, fosse

---
2. *Ibidem*.

em cavernas escuras – como as de Lascaux, na França, e de Altamira, na Espanha – ou a céu aberto e em entrada de grutas iluminadas pelo sol, como as da Serra da Capivara. Tais intervenções provocaram deslumbramento em ninguém menos que o pintor espanhol Pablo Picasso, que disse sobre o patrimônio ancestral: "Depois deles, não inventamos nada de novo."

Linguagem entre o desenho e a escrita, ecos de um passado remoto, as pinturas rupestres têm múltiplos significados, e os estudiosos recomendam parcimônia para interpretá-las.[3] Mas é impossível não se reconhecer como parte do mesmo clã humano ao dar de cara com desenhos de gente se beijando e fazendo sexo, mulheres parindo, homens caçando e pessoas dançando em grupos.

A tinta era feita com pó de rocha amarelo e branco, com destaque para o ocre. Provavelmente o dedo, um galho ou até mesmo pelos de animais podem ter servido de pincel. Já as gravuras são imagens feitas com incisões na própria pedra. Para realizar esse procedimento, é necessário ter à mão instrumentos com pontas duras, que permitam marcar a rocha em profundidade, com força.

---

[3]. Anne-Marie Pessis, *Imagens da Pré-História. Parque Nacional Serra da Capivara*, 2003.

À arte rupestre se soma a peculiaridade geográfica do lugar. A região era um fundo de mar, mas há cerca de 220 milhões de anos um imenso movimento tectônico arremessou para o Ceará toda a água que havia ali. O material sólido – dos mais grossos, como rochas, aos mais finos, como areia –, arrancado e desagregado, transportado ao acaso pelo vento e pela chuva, se tornou montanhas de curvas fluidas e sinuosas, assim como cânions profundos, a lembrar a obra do arquiteto catalão Antoni Gaudí.

A paisagem daquele pedaço do sertão foi formada muito antes de a humanidade surgir na Terra. Perto dessa potência geológica, somos pó, um cisco, um caquinho, um nada. Aos poucos, sob o céu desanuviado, sentada no topo das rochas mais altas, matéria mineral sólida, dura, Niéde passou a contemplar a imensidão, em silêncio.

As arqueólogas mapearam as pinturas de alguns sítios de fácil acesso e descobriram duas antigas aldeias cuja superfície estava coberta de fragmentos cerâmicos. Os agricultores e caçadores locais contaram ainda sobre a existência de sepulturas e urnas funerárias em abrigos. A arqueóloga fez uma proposta para os mateiros: quem localizasse mais daqueles desenhos receberia uma gratificação, em torno de 50 mil-réis cada um.

De volta à França, com fotografias de pinturas milenares e pesquisa bibliográfica demonstrando que pouco se sabia sobre as bases físicas da fauna e da flora da região, Niéde e a arqueóloga Anne-Marie Pessis escreveram um projeto de pesquisa chamado *O homem no sudeste do Piauí: da pré-história aos dias atuais. A interação homem–meio*, e conseguiram financiamento daquele país para organizar uma missão no Brasil.

Muito mais difícil foi convencer os sertanejos de que as relíquias arqueológicas encontradas eram cacos de cerâmica, pedras, pinturas, ossos e carvões, e não preciosidades como as contidas nos sarcófagos dos faraós egípcios, quase sempre recheados de ouro.

EM 1973, NIÉDE aproveitou as férias na França, convidou a amiga Silvia Maranca e Águeda Vilhena de Moraes, ambas do Museu Paulista, para a primeira missão no Piauí. Dessa vez, Silvia tinha um trunfo para fumar à vontade, afinal, o carro era seu – uma Rural Willys, própria para trechos sem estrada, no meio do nada. O porta-malas foi carregado de mantimentos e equipamentos para a longa viagem pela rodovia Rio–Bahia até Feira de Santana e, de lá, para Petrolina.

Mesmo tendo Niéde no volante – e quem a conhece sabe de seu gosto em calcar o pé no acelerador –, as três levaram onze horas de Petrolina a São Raimundo

Nonato. Na cidade, passaram pelo rio Piauí e viram gente pescando – quem diria que o rio se tornaria um canal de esgoto? Depois pararam no quartel para pedir informações sobre como chegar a Várzea Grande, hoje Coronel José Dias, onde era a casa do mateiro Durval.

Niéde tomou a frente, como de costume, e foi até o soldado, que a recebeu com continência. Ao apoiar-se na guarita para falar com ele, o suposto baluarte bambeou, como se prestes a vir ao chão – uma primeira amostra da precariedade da região na época.[4]

Não havia asfalto ou luz, tampouco água encanada. Ao enfrentar a escuridão, contava-se com o luar e as estrelas, e às vezes o candeeiro, se houvesse óleo. O povo não tinha geladeira para conservar comida. Ventilador era um desses luxos desconhecidos por muitos dos sertanejos até a chegada da eletricidade, nos anos 1980.

Havia açude e poço para matar a sede, cozinhar e se banhar. A água subia na força do braço. Uma rosca de trapo colocada no cocuruto ajudava a equilibrar a lata na cabeça. Era necessário exibir

---

4. Silvia Maranca, *O outro lado da pesquisa arqueológica da Fundação Museu do Homem Americano: suas origens*, 2002.

destreza, mesmo assim, se tornava impossível voltar com o balde cheio, perdia-se um tanto pelo caminho. Água de beber, muitas vezes, era a mesma em que se banhavam porcos e outros bichos. A falta de saneamento básico deixava a população ainda mais vulnerável e era causa da morte de muitas crianças da região. O isolamento era tal, que era comum encontrar quem mal conhecia outros povoados ou mesmo gente fora da própria família.

Entre as precariedades, as arqueólogas enfrentavam situações absolutamente inusitadas no convívio com a comunidade. Um sertanejo de pele vincada e cabelo branco, seguido por uma comitiva de adultos e crianças, aproximou-se certo dia da doutora. Alguém como ela, assim estudada, talvez pudesse esclarecer questões importantes.

"Esse menino aí é filho do avô dele. A senhora deve saber mais do que nós e vai me dizer. Isso é certo?"

Niéde levou alguns segundos para entender, outros para dar uma resposta que não fosse constrangedora. Se era filho do avô, então o pai da criança tinha engravidado a própria filha. Todos aguardavam atentos o parecer da doutora, inclusive o miúdo, produto do incesto, que mantinha os olhos enormes sobre ela:

"Deve ser muito bom, olha aí, deu um menino tão bonito, tá tudo certo",[5] sentenciou, sem uma resposta plausível, porém despertando alívio no garoto protegido pela inocência.

DURVAL E DELPHINA eram os anfitriões. Como o marido naquele dia não estava disponível para acompanhar a doutora, Delphina gritou para que Joãozinho da Borda viesse ajudá-la a descarregar o carro. Recém-chegado de São Paulo, onde as coisas não correram como o esperado, Joãozinho estava na bodega ali do lado, instalando um freezer a querosene, que possibilitaria serem servidas cervejas geladas em pleno sertão.

O primeiro item a ser retirado do bagageiro da Rural Willys foi um enorme baú. Joãozinho, que acabaria ganhando o móvel da doutora tempos depois, segurou uma das alças, enquanto as três dividiam o peso da outra. Ele já tinha ouvido falar de Niéde – àquela altura, quem não tinha? –, mesmo assim, achou curioso aquela dona prosear em estrangeiro com as colegas e em "brasileiro" com ele.

---

5. Nara Madeira, Elton Viana, Saul Lemos *et al.*, "Niède Guidon: memórias pintadas na pedra ou um olhar para o passado, presente e futuro", *Revista Entrevista*, 2000, p. 94.

Entre caixas e malas, Niéde o convidou para se juntar ao grupo e pediu para ele encontrar outros três ajudantes. Sobraram candidatos. O que a arqueóloga oferecia por três meses de trabalho era mais do que os sertanejos tiravam em um ano. A doutora ficou com fama de distribuir bem sua prosperidade.

A partir dessa visita tão definitiva, Niéde iniciou uma jornada anual que consistia em passar três meses por ano no Brasil, o restante na França.

HABITUADA ÀS IGUARIAS francesas, Niéde trocou o *filet au poivre* pelo bode, o vinho por uma água que tinha cor, sabor e odor um tanto suspeitos. Como diz o dito, "No mato com os sapos, de cócoras com eles."

Ir a campo é a prova dos nove para os candidatos a atuar na área, especialmente para quem escolhe a profissão imaginando aventuras hollywoodianas. Bastam poucas semanas de carne-seca exposta ao sol repleta de moscas, noites ao relento e esturro de onça para o pretendente a Indiana Jones desencavar uma bisavó nas últimas, uma consulta médica inadiável ou até inventar a morte da mãe para dar no pé.

Tarimbadas, Niéde e suas amigas estavam cientes do que viria. Entranharam-se no mato com a cara e a coragem – no caso de Silvia, "muito mais com a cara do que com a coragem".[6]

Na pensão de Durval e Delphina, as roupas permaneceram na mala, uma ou outra foi pendurada em pregos na parede. Eram trajes de guerra, angariados com irmãos e amigos, rasgados, furados, para acabarem de ser detonados na mata. A maior parte das camisetas e calças não conheceu sabão nem tanque. As três usavam a mesma peça dias a fio. Quando estavam em petição de miséria, arremessavam os trapos no lixo.

Rede era cama. A caneca servia de chuveiro. Um buraco no fundo do quintal tinha que fazer as vezes de latrina. Água escassa, a descarga também. Muitas vezes, as três preferiram usar a mata para necessidades básicas. O complicado era ter de espantar os porcos, e sempre havia o risco de serem surpreendidas por algum sertanejo montado em jegue:

"Boa!", diziam, tirando o chapéu para cumprimentá-las.

"Boa", respondiam, de cócoras.

Como não era possível chegar aos sítios de carro, estacionavam distante dos locais aonde queriam ir, o resto do trajeto era feito a pé, subindo e descendo

---

6. Silvia Maranca, *op. cit.*

serra. Um jegue carregava latas de comida, carne salgada para não estragar e materiais para escavação.

Gerados, paridos e criados na mata, Joãozinho da Borda e o caçador Nilson Parente iam à frente, o passo confiante. Afastavam os galhos com os braços esticados, protegendo-se de arranhões, cortando a caatinga a golpes de facão para fazer picadas, mas evitando decepar árvores e matar animais, de modo a não desagradar a doutora.

O jeito era se restringir à comida que carregavam ou colher frutos pelo caminho, como aquele, cor-de-rosa vibrante, que brota do cacto coroa-de-frade. A planta tem esse nome pois se assemelha à cabeça calva de um frade franciscano. Com sorte, achavam no caminho mandioca, que ali é mais conhecida como macaxeira. Tirada da terra na hora, era cozida na fogueira e consumida quentinha – melhor ainda se fosse com mel.

Niéde costumava imprimir o ritmo à tropa, inclusive à soldada Silvia, que não raro intercalava passos com tragadas. O truque da comandante era induzi-los a imaginar uma imensa fonte jorrando água estupidamente gelada no fim do caminho.

"Melhor andar rápido e sem parar, senão fica difícil", aconselhava, mais para agilizar a marcha do que por comprovação científica.

Ao chegarem ao local, os sertanejos cuidavam de limpar o terreno e arranchar. Amarravam as redes em árvores, e, se não fossem suficientes, às estacas. Acendiam uma fogueira ao centro e providenciavam um jirau, a armação de madeira para proteger os alimentos.

Silvia jurou que não tomaria a mesma água com que os animais se banhavam, nem sob tortura. Na primeira ocasião em que a sede apertou, mandou a promessa às favas, dissolveu uma pílula que funciona como uma espécie de cloro, fechou os olhos e mandou ver.

As arqueólogas passavam o dia a explorar a região, entre anotações e fotografar as pinturas rupestres, jornada que ia até escurecer. Naquela época não havia a tecnologia digital de hoje. Niéde subia em um arremedo de escada, construída com pedaços de madeira amarrados em cordas, enquanto um dos mateiros segurava embaixo, para garantir que ela não despencasse daquele treco bambo.

Lá em cima, a doutora estendia um plástico transparente sobre os desenhos dos paredões e os copiava usando pincel atômico, feito decalque, repetindo os gestos criativos feitos em tempos longínquos. Depois, levava o plástico enrolado para a França e mandava para um laboratório fotográfico reduzir as imagens, de maneira que os pesquisadores pudessem analisá-las.

Com o tempo, passou a despachar o material em aviões da Força Aérea Brasileira que vinham de Petrolina e utilizavam um campo de pouso em São Raimundo Nonato. A hoje empresária Socorro Macedo, que exerceu dois mandatos como vereadora, era uma menina e costumava ir até o campo de pouso com o irmão. Um dia, Niéde estava lá com caixas de material e foi falar com o comandante para despachá-las. O sujeito não a conhecia, avisou que o voo estava lotado e deu as costas. A arqueóloga foi atrás dele, sacou do bolso um papel timbrado e o intimou a cumprir a ordem. Por isso Socorro repete que a "tia", como ela trata a doutora, já era poderosa desde aquele tempo.

Ao entardecer, logo depois de admirarem o coro de araras, gralhas-cã-cãs e periquitos da caatinga a ressoar nos pés da serra, todos se sentavam ao redor da fogueira. Para prender a atenção da audiência, Nilson contava histórias fantásticas, como a de serpentes gigantes que se transformavam em homens. O mateiro também se gabava de ter caçado "pra mais de setenta onças", embora nunca tenha apresentado provas nem testemunhas.

Niéde não permitia que ninguém atirasse nas feras, nem quando Nilson e Joãozinho engatilharam a espingarda para acertar uma onça a esturrar no pé de uma pedra, próxima ao olho-d'água.

À noite, as arqueólogas trocavam a muda de roupa do corpo por outra menos encardida, para deitar na rede. Niéde costumava pegar no sono fácil. E Silvia? Nada a fazia adormecer. Tinha paúra do zumbido inquietante produzido pelas abelhas a beber água do caldeirão. E dos pios de corujas. E do som estrondoso de morcegos que tomavam conta do céu da caatinga. Imagine ser presa de um deles, contrair raiva e cair morta? Fazer o sinal da cruz, bater três vezes na madeira, não tinha mandinga que a acalmasse.

Mas os dentes afiados dos vampiros não estavam à procura do pescoço da arqueóloga, até porque apenas uma pequena parcela das 24 espécies identificadas na Serra da Capivara é hematófaga, alimentada por sangue. O interesse dos morcegos é o néctar das flores dos cactos que rompem no lusco-fusco. Há ainda centenas de árvores com espinhos. E barbeiros nas frestas das pedras, sedentos de sangue. Cobras-corais, jararacas, cascavéis. E a cobra-de-duas-cabeças, crendeuspai! Lagartos. Aranhas.

A mais venenosa de todas as aranhas daquele bioma, do tipo reclusa, foi batizada de *Loxosceles niedeguidonae*, em homenagem a Niéde. A espécie foi encontrada pela bióloga Rute Andrade na caatinga no Boqueirão da Pedra Furada.

Outra xará da arqueóloga é a lhama *Palaeolama niedae*. A ossada dessa espécie nordestina era do tamanho de uma vaca, tinha dentes curtos e patas alongadas. Foi encontrada no parque, assim como o tatu do tamanho do fusca com a qual as arqueólogas tentaram chegar à serra pela primeira vez. Muitos anos depois da descoberta do lugar, pinturas que retratam dois animais foram transformadas em símbolo oficial do parque. Todo mundo acha que são capivaras, mas os especialistas dizem que são veados, e há quem defenda que sejam lhamas pré-históricas.

A região foi povoada pela megafauna, extinta no final da Era do Gelo, ou Pleistoceno, em torno de 12 mil anos atrás. É bem possível que o homem tenha coexistido com esses bichos pré-históricos gigantescos por um período.

O nome da doutora também passou a batizar viventes da região. Joãozinho da Borda foi um dos que chamaram a filha de Niéde. A menina cresceu e se tornou técnica de laboratório e pesquisadora, fazendo jus à xará mais velha.

O complexo geológico se tornou conhecido como Serra da Capivara antes da chegada dos arqueólogos, e o responsável pelo batismo é um mistério. A hipótese dos sertanejos é que o nome foi ideia de um tropeiro.

Ao se deparar com as pinturas rupestres, ele teria dito que na serra havia "pinturas, feitas pelos índios, que mais parecem ratos, capivaras e muitas cenas desonestas", referindo-se às cenas de sexo que aparecem em algumas pinturas, como me explicou um dos guias.

PARA ENCONTRAR RESQUÍCIOS de tempos longínquos, é preciso pá, pincel, palito, balde e peneira, instrumentos tão singelos quanto os usados por uma criança para brincar com areia à beira-mar. Já para lidar com solo petrificado, os arqueólogos lançam mão de britadeira.

Nos anos 1970, esse não era o caso. E como tudo estava no início, as surpresas eram constantes.

O mateiro Nilson e sua prima Alberta da Silva, da comunidade Zabelê, que vivia dentro do parque, levaram a doutora até um abrigo sob rochas na Toca do Gongo, onde não fazia tanto tempo tinham encontrado esqueletos. Um deles estava em um pote de cerâmica vistoso, que foi lavado para tirar o mau cheiro, transportado até o forno e transformado em duas panelas. Os ossos ficaram com os cães, que se esbaldaram.

Niéde pediu a Joãozinho que medisse a toca com uma trena. "É pra já, doutora", respondeu o mateiro, mais acostumado a calcular com braçadas do que com fita métrica, e já empenhado em aprender. "Volto logo com o número da fundura e da altura do buraco." O passo seguinte foi remover os sedimentos. Às tantas, a pá de um deles bateu numa superfície dura.

A chefe da missão instruiu o grupo a trocar as pás por pincéis, para evitar esfarelar artefatos tão frágeis. Aos poucos, as duas primeiras sepulturas apareceram sob a terra. As arqueólogas limpavam, etiquetavam e guardavam dentro de saquinhos plásticos as partes ainda existentes das pessoas que um dia viveram ali.

Até o fim da vida, Nilson diria, e Joãozinho da Borda segue até hoje repetindo, que a terceira ossada foi encontrada após ouvirem a lamúria de uma criança. "A doutora me chamou pra ajudar. Quando eu cavei naquele lugar descobri uma panela. Estava perfeita, a pele ainda colada nos ossos", me contou Joãozinho.

Era uma urna com uma criança dentro. Do lado direito, uma vasilha arredondada de cerâmica e o crânio sobre um pedaço de caroá, uma fibra usada para tecer rede. Nenhuma das arqueólogas registrou o choro em suas anotações, mas a versão dos mateiros é a mais popular na região e segue no boca a boca.

"E fomos achando defunto, achando coisa, achando coisa", recordou Albertina. Por conta disso, a permanência do grupo se estendeu por mais uns dias, e as provisões planejadas foram minguando. Niéde, então, fez uma exceção. Liberou Nilson para caçar um animal. O mateiro voltou com uma cotia, segundo Silvia; um tatu, pelo relato de Joãozinho. Mas numa coisa os dois concordam: o bicho, seja lá qual tenha sido, foi assado sem lavar e devorado pela tropa.

Ritos de nascimento e casamento são invisíveis para o arqueólogo, não deixam rastros, diferentemente das cerimônias funerárias. Nossos antepassados daquela região adotavam práticas mortuárias diversificadas. Desde enterrar os corpos em fossas na terra, logo depois de o coração parar de bater – em posição fetal, deitado de lado ou sentado –, até esperar dias para a carne se decompor e só então ajeitar os ossos em fibras vegetais ou em urnas feitas com potes de argila. Esses invólucros, decorados ou lisos, costumavam ter uma tampa, feita de cabaça e colocada diretamente sobre o crânio.

O melhor cenário é encontrar as tampas intactas, pois isso é sinal de que os ossos foram protegidos da exposição dos agentes externos e poupados do apodrecimento ao longo dos milênios. Mas em muitos sítios não é esse o caso, e, com sorte, a equipe encontra apenas dentes ou resquícios de materiais ósseos.[7]

---

7. *Idem*, "A Toca do Gongo I: Abrigo com sepultamentos no estado do Piauí", *Revista do Museu Paulista*, 1976.

Era costume enterrar os entes com seus pertences. Brinquedos, como estilingue, no caso de crianças. Se fossem adultos, adornos, cachimbos de barro cozido, flautas. Ou então, armas, como lanças e machados de pedra lascada e polida.

Uma equipe comandada por Annette Laming-Emperaire, arqueóloga de que Niéde havia sido assistente, encontrou na mesma época – anos 1970 –, em uma fenda de um abrigo em Lagoa Santa, um dos esqueletos mais antigos das Américas. A estimativa é de 11.500 anos. O crânio da moça, batizada de Luzia pelo arqueólogo Walter Neves, permaneceu anos a fio no Museu Nacional do Rio de Janeiro, numa sala fechada. No dia 2 de setembro de 2018, um incêndio destruiu a maior parte do acervo do museu e quase transformou em pó aquela que virou um ícone da pré-história brasileira.

Luzia tem um primo caçula, o baixinho Zuzu, esqueleto de 10 mil anos. A bem da verdade, ninguém sabe ao certo o sexo de Zuzu. Primeiro acharam que era mulher, pois os traços eram delicados e o esqueleto não era robusto. Depois mudaram de ideia, afinal, ao seu lado havia artefatos comumente associados aos homens, como duas pontas de lanças, assim como detalhes do crânio e da pelve sugerindo tratar-se de um rapaz. No meio da confusão, Niéde brincou: "Um diz uma coisa, outro vem com ideia diferente. Pra mim, era um homem, mas, se for mulher, é a primeira amazona."

O sulco num dos dentes de Zuzu sugeria que seu povo usava espetos de cactos para tratar problemas como cáries. O Zuzu, ou a Zuzu, como queiram, assim como outros esqueletos e urnas funerárias achados nessas missões, fazem parte da coleção do Museu do Homem Americano.

Após dias escarafunchando a terra, a equipe precisava fazer a pé o percurso de volta, mas agora tinham cinco urnas funerárias para carregar. A estratégia foi colocá-las nas redes que usavam para dormir, cada um segurando uma das pontas. De volta à cidade, apinhou de gente para espiar os esqueletos improváveis. Era um tal de esticar o pescoço pela porta, grudar o rosto na janela ou mesmo invadir o local. Para colocar ordem na bagunça e evitar que os achados virassem pó, Niéde convocou o mateiro Joãozinho para ficar de guarda na porta e só permitir a entrada de uma pessoa por vez.

Uma mulher contou a Niéde que tinha levado para casa uma urna bonita encontrada na Serra da Capivara. Como fedia muito, jogou água fervente, e o troço explodiu. Outra estava toda contente, porque, após se livrar dos ossos, passou a usar o recipiente para manter a água fresca, e ele havia se mostrado muito melhor do que sua antiga moringa. Outros, ao perceberem que a doutora via valor em barro com defuntos, cogitaram oferecer peças para ganhar alguns trocados. Selar esse tipo de trato seria gerar uma caça às urnas. Retirá-las do seu contexto original acabaria por apagar rastros dos costumes funerários de nossos antepassados.

"Só me serve quando estiverem no seu lugar", a arqueóloga se apressou a esclarecer, evitando que tudo se perdesse caso a comunidade tentasse ajudar.

Às tantas apareceu o prefeito escoltado por uma comitiva. Elogiou o trabalho de Niéde e dias mais tarde perguntou, não sem extravagância, se ela gostaria de se candidatar a chefe do Poder Executivo no município. Tão conhecida quanto o prefeito ou o padre, venceria com facilidade o pleito.[8] A sugestão nunca foi aceita, mas, no decorrer dos anos, muita gente à beira do desespero passou a enxergá-la como

---

8. Ulisses Capozzoli, "Arqueóloga luta para preservar monumento", *O Estado de S. Paulo*, 22 out. 1995b, p. D4.

autoridade local e até hoje apela à doutora na esperança de receber uma graça.

Niéde vivia mergulhada no trabalho, sem ânimo para socializar. Se instada, costumava dizer que era uma mulher muito ocupada, sem tempo para ficar de papo para o ar. Já dispunha da companhia de seus cachorros, "com quem converso, troco ideias e afetos".[9] Um dos poucos lugares que frequentava era uma feira semanal organizada por famílias de agricultores, onde se indispôs com as freiras ao disputar com elas os parcos pés de alface.

José Bastos Lopes, o Zé Lopes, esforçou-se para introduzir a arqueóloga na comunidade local. Cabelo preto mantido à base de tintura, era um homem expansivo e rechonchudo. Por ser professor, foi alçado ao posto de intelectual. Aliado de Niéde, ofereceu as dependências do prédio do Movimento Brasileiro de Alfabetização (Mobral), para guardar os artefatos descobertos nas pesquisas de campo. Era raro Niéde chegar à cidade sem um mimo para o amigo, como a camiseta com o desenho da torre Eiffel. Zé Lopes passeava pelas ruas com o símbolo de Paris no peito, prova cabal de sua intimidade com a doutora. Adotou

---

9. Nara Madeira, Elton Viana, Saul Lemos *et al.*, *op. cit.*

informalmente muitas crianças, que mais tarde se tornariam arqueólogas.

Numa noite, Zé Lopes convenceu Niéde, Silvia e Águeda a acompanhá-lo a um jantar de gala no Rotary Club, afinal, a chefe da missão era o motivo do convescote, e ficaria feio não comparecer. A nata da região aproveitou a ocasião para se empanturrar de carne de bode e salada de maionese, carro-chefe do menu, e vestir seus melhores trajes, enquanto a convidada de honra apareceu metida em calça jeans e camiseta surrada, o cabelo desgrenhado.

O figurino à vontade não aplacava comentários os mais dissonantes. Tinha gente que não se convencia de que as escavações encontravam apenas ossos. Acreditavam, mesmo, que poderia haver ouro e a arqueóloga não estava contando. A cisma era debatida na porta de casa, na mesa de bar e até na rádio local.

A notícia de certos achados colocou ainda mais lenha na fogueira. No sítio Aldeia da Queimada, próximo a Várzea Grande, no caminho da Borda – onde vivia o próprio Joãozinho da Borda, razão da alcunha do mateiro –, o grupo de Niéde encontrou cerâmicas, vestígios de cabanas, tembetás e urnas.

Tembetá é um objeto que os indígenas costumam usar preso a um furo no lábio inferior. Esses adornos de formato alongado, também chamados de "pedra de beiço", são feitos com objetos duros. Como os tembetás encontrados na região eram da cor verde, as pessoas concluíram que se tratava de esmeraldas, pedra das mais valiosas do mundo.

As escavações estavam bem avançadas quando Niéde recebeu uma ordem para suspender o trabalho imediatamente. Manu, dono do terreno, apesar de ter sido condenado por assassinato, circulava à vontade pelas ruas de São Raimundo Nonato. A despeito do calor escaldante, vestia-se sempre com camisa, terno e gravata, e se fartava de bode e cerveja no restaurante do Pernambuco, o mesmo frequentado pelas arqueólogas.

Niéde foi até a cidade tirar satisfação com Manu. Já tinha desembolsado uma boa quantia de adiantamento para o sujeito liberar a área para a pesquisa e agora ele vinha cantar de galo.

Nilson e Joãozinho da Borda fizeram questão de acompanhar a doutora. Assim que viu o trio, Manu levantou a vista e acusou a forasteira:

"A senhora está tirando riqueza de minhas terras."

"Repete se tem coragem", rebateu Niéde, sustentando o silêncio no olhar, medindo forças.

Os mateiros viravam a cabeça para a doutora, depois para o sicário, como quem acompanha o final de um campeonato de tênis ou o desfecho de um duelo, sentados na beirada da cadeira, prontos para agir caso a situação descambasse para a violência. Subitamente, Niéde sacou a carteira do bolso e preencheu uma folha de cheque com uma bela quantia.

"Vambora", concluiu a chefe da missão, virando as costas para o desafeto, seguida prontamente por Nilson e Joãozinho, que saíram marchando atrás.

Manu aquietou, e a arqueóloga seguiu escavando em suas terras. Ou seja, o duelo do século acabou em cheque.

A ARQUEÓLOGA CONHECEU NIVALDO Coelho de Oliveira e sua companheira, Carmelita Joana de Oliveira, nas primeiras missões. O sertanejo cresceu acompanhando o pai no mato, para plantar ou ir atrás de maniçoba, árvore tida como a seringueira da caatinga. Quando chovia ou o sol ficava insuportável, o moleque corria para descansar nas tocas repletas de desenhos nas paredes. Coisa de caboclo brabo, ensinavam os mais velhos. Versado em pássaros, sabia assobiar – foi assim que convenceu a moça, bem mais alta do que ele, a viverem juntos.

Niéde e as colegas estendiam as redes no quintal da casa dos sertanejos, no povoado de Barreirinho, município de Coronel José Dias, para dormir sob o pé de um juazeiro, espécie apinhada de folhas, mesmo na seca. De manhã, sentavam com os dois e sua prole numerosa para tomar café e comer beiju, quitute de origem indígena, feito com farinha de mandioca torrada.

Nivaldo seguia com a equipe para sítios distantes, enquanto a companheira ouvia novela de rádio, preparava marmita para a tropa toda e providenciava uma farmacinha de primeiros socorros com plantas medicinais da caatinga e mandingas protetoras. Carmelita funcionava como médica numa região carente de serviços de saúde. Enquanto todos acampavam no local, ele retornava para casa: "Não durmo longe da minha Carmelita", explicava o homem miúdo, cofiando o bigode farto. Eram 24 quilômetros entre ida e volta, dez léguas pela métrica dos sertanejos, todo santo dia. Uma das pesquisadoras francesas se lamentava em tom de troça: "Nunca encontrei um homem que subisse um degrau por mim."[10]

O afeto do casal enternecia a doutora, a ponto de arrancar gargalhadas da mulher séria. Nivaldo tocava e Carmelita cantava um bocado de modinhas, como a

---

10. Solange Bastos, *op. cit.*

de Cariri e a das festas de São Gonçalo, um folguedo de caráter festivo e religioso: "Se um dia eu chegar no céu/ Viola entra primeiro/ Viola cheia de fitas, tá dengosa, tá bonita/ Pra louvar meu São Gonçalo/ Protetor dos violeiros/ Ora viva São Gonçalo!"

Nivaldo e Carmelita transformavam qualquer encontro em festa, animando os convivas que se esbaldavam na pista madrugada afora. Numa dessas, Niéde foi fotografada sorrindo, rosto colado e mãos entrelaçadas dançando com alguém, mas já não se sabe quem, nem exatamente quando.

Nivaldo guardava a coleção de instrumentos em uma estante de três andares, mas a sanfona vermelha – presente da doutora –, lustrada e brilhando feito nova, dentro de um baú.

Em uma entrevista antiga, questionada se tinha algum amor em São Raimundo Nonato, Niéde citou seus cachorros e o sertanejo. "Gosto muitíssimo, amo muitíssimo o Nivaldo, quer dizer, amo no sentido de ter admiração, de gostar de estar perto."[11] Falava de Nivaldo e, certamente, incluía sua extensão, Carmelita.

---

11. Nara Madeira, Elton Viana, Saul Lemos *et al.*, *op. cit.*

4. PARQUE DE PAPEL

EM 1978, NIÉDE convenceu a França a criar uma missão permanente no Piauí, como as que mantinha no Egito, Peru, México e Grécia.

Naquele ano, a arqueóloga aproveitou uma licença-prêmio e férias acumuladas para passar seis meses ininterruptos na Serra da Capivara. O tempo disponível lhe permitiu organizar um ciclo de palestras em São Paulo sobre a arte rupestre do sudeste do Piauí e, principalmente, agir para transformar a região em área protegida.[1]

---

1. "Exposições no Museu Paulista", *Folha de S.Paulo*, Terceiro Caderno, 30 jul. 1978, p. 32.

Para tanto, enviou a Brasília um relatório pormenorizado sobre a riqueza arqueológica e natural da região e a necessidade de preservá-la, medida que também traria benefícios econômicos à população do entorno.[2]

A tentativa vinha de antes. Haviam se completado três anos desde que Niéde despachou o relatório para Dirceu Arcoverde, governador do Piauí, que fez o meio de campo com o general João Batista Figueiredo, último presidente do ciclo militar. O documento deixava claro o que ela queria e apontava riscos se nada fosse feito:

> Minha intenção é realizar a cobertura dessas lapas antes que elas sejam destruídas, de modo que fiquem documentadas para sempre. [...] Tenho verificado de 1970 para 1973 e para 1975 que certas pinturas foram destruídas. Lapas imensas cobertas de desenhos hoje estão nuas nas paredes erodidas, pedaços de rochas com restos de figuras caídas no solo. [...] durante a seca os habitantes queimaram a vegetação dos baixões e, às vezes, o vento empurrava o fogo de tal modo que ele chegava até as lapas das beiradas das falésias e o calor fez explodir as paredes, estragando para sempre esse patrimônio cultural brasileiro.

---

2. Isabele Carvalho e Bismarque Villa Real, "Niède Guidon: arqueologia com preocupação social", *Agência Câmara de Notícias*, 29 jun. 2007.

> Seria impensável proibir essas queimadas, mas talvez a solução seria que o governo do Piauí conseguisse junto ao governo federal que toda essa região [...] fosse transformada em parque nacional.[3]

Dirceu morreu repentinamente de derrame cerebral aos 53 anos, em março de 1979. Três meses depois, no dia 5 de junho, o então presidente da República decretou a criação do Parque Nacional Serra da Capivara, com base na lei que instituíra o novo Código Florestal em 1965.[4] A lei autorizava o poder público a criar parques e reservas biológicas, "com a finalidade de resguardar atributos excepcionais da natureza, conciliando a proteção integral da flora, da fauna e das belezas naturais com a utilização para objetivos educacionais, recreativos e científicos".[5]

---

3. Jaime de Santana Oliveira e Jóina Freitas Borges, "Sociedade, arqueologia e patrimônio: as relações de pertencimento da comunidade Zabelê com a área arqueológica do Parque Nacional Serra da Capivara (PNSC)", *Revista História Unicap*, jan.–jun. 2015.
4. Decreto nº 83.548, de 5 de junho de 1979, *Diário Oficial da União*, Seção 1, 6 jun. 1979, p. 8035.
5. Lei nº 4.771, de 15 de setembro de 1965, *Diário Oficial da União*, Seção 1, 16 set. 1965, p. 9529.

O ano de 1979 ofereceu grande impulso à criação de novas unidades de preservação no país. Para se ter uma ideia, num único dia, naquele mesmo 5 de junho, áreas que somavam 8 milhões de hectares foram transformadas em parques nacionais e reservas biológicas na Amazônia. No Nordeste, foi criada a primeira área marinha protegida, a Reserva Biológica do Atol das Rocas, e nasceram dois parques nacionais, incluindo o Serra da Capivara. Nos estertores desse governo de exceção, houve um gesto de peso, com repercussão na comunidade científica nacional.

Não, minhas caras e meus caros, Figueiredo não despertou naquele dia com "siricutico" nos dedos e do nada saiu assinando decretos. Cinco de junho é o Dia Mundial do Meio Ambiente, data instituída em 1972, quando ocorreu a primeira conferência sobre o tema, organizada pela ONU, sediada em Estocolmo, na Suécia. Desde então, diversas organizações da sociedade civil passaram a aproveitar a ocasião para lançar manifestos e tomar medidas para preservar a natureza.[6] Um dos reflexos disso foi a criação, em

---

6. A Conferência de Estocolmo impulsionou a evolução da legislação sobre o tema no mundo todo. O primeiro Código Florestal brasileiro data de 1934, e, desde então, sofreu modi-

1973, no Brasil, da Secretaria Especial do Meio Ambiente (Sema), embrião do atual Ministério do Meio Ambiente.

O decreto federal estabelecia que o Parque Nacional Serra da Capivara ficaria sob a responsabilidade do Instituto Brasileiro de Desenvolvimento Florestal, que, no fim da década de 1980, seria extinto e transformado no Instituto Brasileiro do Meio Ambiente e dos Recursos Naturais Renováveis (Ibama).

Fora a caneta para assinar o projeto, o governo Figueiredo não levantou uma palha, não mandou um centavo, tampouco funcionários, criando assim

---

ficações importantes, como as de 1965, que o tornaram mais exigente. Em 1988, a nova Constituição trouxe um capítulo exclusivo dedicado aos princípios de proteção ambiental e o direito ao meio ambiente equilibrado. Em 2000 foi criado o Sistema Nacional de Unidades de Conservação (SNUC) e, a partir dele, foi estabelecida uma categoria de unidade de conservação integral e outra de uso sustentável. A última versão da lei foi aprovada em maio de 2012 e passou a ser objeto de intensa batalha no Congresso, que reduziu a proteção ambiental das versões anteriores, até culminar no desmonte nessa área, no governo Bolsonaro. Nesse período, houve corte em conselho ambiental e ataque a equipes de fiscalização. Inclusive o ministro do Meio Ambiente defendeu passar "a boiada" e "mudar'" regras enquanto a atenção da mídia estava voltada para a pandemia de covid-19.

um parque de papel, não de fato. A ausência do Estado como agente fiscalizador provocou maior degradação da paisagem, e a Serra da Capivara virou uma casa da mãe joana.

Já que a área passou a pertencer ao governo federal – entidade abstrata e ausente –, e não era mais propriedade particular de alguém de carne e osso, as pessoas se sentiram no direito de continuar caçando, extraindo madeira e queimando. Até funcionários do governo aproveitaram para quebrar pedaços de paredões pintados, para pendurar na parede de casa como lembrança. Foi aquela lambança.

FAZER VALER A LETRA da lei e transformar a terra em área protegida de verdade levaria ainda muito tempo. Enquanto isso, as pesquisas seguiam intensas. A fim de promover uma investigação interdisciplinar na região, a arqueóloga ampliou o time. Aos arqueólogos e seus alunos franceses, uniram-se biólogos, geólogos, botânicos, zoólogos, paleontólogos da USP e pesquisadores da Escola Nacional de Saúde Pública da Fundação Oswaldo Cruz (Fiocruz).

Com a equipe maior, Niéde precisava da adesão de mais nativos ao projeto e passou a convocá-los pelo rádio. Um deles serviu de guia para um botânico e aproveitou a chance para exibir sua capacidade de identificar as plantas pelo cheiro, formato das folhas e espessura dos espinhos.

A banha-de-galinha e o açoita-cavalo, explicava o sertanejo, embrenhando-se na mata e enumerando as peculiaridades da flora da caatinga, são indicados para curar de um tudo, já os cascos e as flores da catingueira são um santo remédio para disenteria. O angico-de-bezerro, quando florido, atrai um bocado de abelhas. O xique-xique é uma alternativa para alimentar os animais no período de estiagem. "Mas doutor", alertava o homem ao passar por um faveleiro, "tome tento para não esbarrar nessa árvore, seus pelos urticantes inflamam a pele e depois nem reza braba cura."

Um falava, o outro anotava em uma folha presa à prancheta. Na volta, o mateiro passou a dar nomes diferentes para as mesmas árvores. O pesquisador estranhou e quis saber a razão. "Ô doutor", reagiu o sertanejo, "árvore é feito animal, cada um dá o nome que quer."

Corre na cidade que o mateiro em questão era Nivaldo, o preferido de Niéde, mas ele nega de pés juntos. "A gente sabe que todo pau serve pra alguma coisa. Mas essa história se sucedeu foi com o finado Nilson, que Deus o tenha, ele é que era bom nisso."

O interesse dos cientistas estrangeiros ia dos pés de frutas aos pés na pista. Uma noite foram todos para um forró. O salão era iluminado com luzes coloridas piscantes. Teve até um sorteio, e Silvia levou o prêmio: uma galinha. Em vez de ficar contente, passou o resto da noite encafifada. Receberia a ave viva ou morta?

Niéde permaneceu sentada, menos por falta de ginga do que para corresponder à imagem do que se espera de uma chefe. Já a pesquisadora francesa ao seu lado aceitou de pronto o convite de um sertanejo para o arrasta-pé. Respeitoso, conduzia a moça pela pista feito uma marionete, pernas enroscadas, requebrando para cá, para lá, cá e lá, e emendavam uma música na outra, sem trégua. Preocupada, a doutora pediu que Silvia fosse rendê-la.

"*Pas du tout, j'adore!*",[7] respondeu a francesa, voltando a saracotear nos braços do sertanejo.

Ao retornar à mesa, Silvia deparou com o prêmio que havia recebido, a galinha. Estava esturricada num pirex e já vinha sendo devorada pelo grupo. À vencedora, restou um mísero ossinho do pescoço.

---

7. "Que nada, estou adorando!"

Os cientistas se nutriam da sabedoria empírica dos mateiros, e estes, por sua vez, aprendiam com a formação acadêmica dos doutores. O conhecimento acontecia em mão dupla. Todo dia bem cedo o garoto Aurélio Landim arrumava sobre a garupa de sua bicicleta um monte de frutas e pedalava até o local onde o grupo de pesquisadores se encontrava: "Olha a laranja! Olha a laranja!", gritava de longe. Niéde percebia a timidez e a curiosidade de Aurélio e o convidava para espiar o trabalho.

O menino da laranja aprendeu como descrever de forma pormenorizada os terrenos e seus acidentes geográficos, e até hoje, quatro décadas depois, trabalha como topógrafo. Foi um dos antigos aprendizes da doutora a participar das obras de transposição do rio São Francisco, projeto que nasceu para abastecer os rios da bacia que perdem volume nas épocas de seca.

A sombra do juazeiro do quintal de Nivaldo, a casa de Nilson e a de Joãozinho da Borda não davam conta de acomodar a equipe cada vez mais numerosa. Tampouco a pensão da dona Menezes. Uma pena, pois, embora muito simples, tinha luxos, como café espresso e ar-condicionado.

A saída foi ajeitar a equipe em um terreno cedido pelo governo do Piauí, na praça do Relógio, onde antes funcionava o quartel e hoje é a sede do Iphan em São Raimundo Nonato. O espaço era modesto, sem nenhum móvel, havia ganchos nas paredes para as redes e apenas um banheiro na parte de fora para a turma toda dividir.

O grupo costumava acordar às quatro da manhã, tomava um copo de leite e partia para as expedições em um caminhão. Os medicamentos da pequena farmácia eram completamente inócuos para lidar com a quentura do sertão – se é difícil para os locais, imagine para os europeus. No tempo livre, todos iam ao forró. Aqueles que se refestelavam até tarde encontravam, na volta, o portão trancafiado. Para entrar era preciso pular o muro. No dia seguinte, encaravam a mata e a ressaca, mas fugiam do olhar da chefe da missão e dos dois pastores-alemães, Fifi e Alf, recém-chegados à casa.

Com o tempo Niéde foi ampliando o espaço, plantou uma árvore, e Zé Lopes lhe deu uma mão, deixando a entrada com o letreiro "Centro de Pesquisas Interdisciplinares" e, logo embaixo, em letras garrafais, "Niéde Guidon".

"Não quero meu nome, apaga."

A reação surpreendeu a todos. Como não se devia discutir com a doutora, foi feita sua vontade.

A existência de um só banheiro na casa obrigava Niéde a amargar na fila, o que vinha lhe tirando a paciência. Mandou construir mais um e chamou um eletricista para instalar um chuveiro elétrico. Na hora de receber pelo serviço, ouviu da doutora: "Tome o primeiro banho você, se não morrer, te pago."

Obra concluída, sem mortos nem feridos, a chefe da missão foi logo avisando: "Este banheiro é meu", ordem ignorada solenemente por uma de suas alunas francesas.

Um dia, atrasada e precisando tomar uma ducha antes de sair para uma reunião, Niéde encontrou a tal moça trancada lá dentro cantando no chuveiro. Um tanto irritada, a doutora saiu para catar pedrinhas. Voltando com um monte delas, sentou numa muretinha do chão e passou a arremessá-las na porta. À medida que o tempo passava e a visitante distraída não dava o ar da graça, o ataque foi intensificado, e os projéteis, arremessados cada vez com mais força e em intervalos mais curtos. O bombardeio foi suspenso quando a francesa, enrolada em uma toalha, abriu uma frestinha da porta e, usando-a como escudo, quis saber o que estava acontecendo.

"Quando eu digo que é meu, é meu", disse Niéde, firme. Ninguém mais duvidou.

MESMO COM GANAS de voar no pescoço da amiga, Silvia respeitava a hierarquia e evitava se queixar ou contradizê-la em público. A recíproca não era verdadeira. A chefe da missão era discreta em elogios e generosa em críticas. Um dia, durante uma refeição ao redor de uma mesa armada no quintal, um dos franceses perguntou quantas espécies de coco existem.

"Duas", respondeu Silvia.

"De que planeta você conhece dois tipos de cocos?", debochou Niéde.

"Da feira, tem aquele grandão verde e o outro peludo", tentou explicar.

"O peludo é o caroço do verde", corrigiu a chefe, arrancando gargalhadas de todos.

"Sim, excelência", limitou-se a outra.

Silvia não abriu mais a boca até o final da refeição, andava cansada de ser alvo de chacota dos franceses, que não tinham lá muita tolerância com seu sotaque. *A missão é franco-brasileira*, pensou ela, *mas parece que a única brasileira aqui sou eu.*

Professora doutora pela USP, respeitada por seus pares, Silvia não era de cantar de galo. O seu estilo é mais modesto, o oposto de certos colegas franceses que mal haviam começado na profissão e já se achavam prontos.

Antes de receber a visita de um alto funcionário do Ministério das Relações Exteriores da França, Niéde suplicou à amiga que não a envergonhasse. Não demoraria a acontecer um imprevisto. Ao ver um pássaro azul de beleza rara, Silvia considerou de bom-tom mostrá-lo ao sujeito. Em vez de observar a ave, o *monsieur* focou em corrigir a concordância de seu francês.

Um dia, cansada de ser alvo das mais diversas anedotas, Silvia fez as malas e foi embora, deixando apenas um bilhete e pedindo que o entregassem a Niéde, para avisar que tinha se mandado. No ônibus, lembrou-se da noite em que ouviu uma onça esturrar e não conseguiu mais pregar os olhos. Para aplacar o medo da amiga, Niéde saiu sonolenta de sua rede e ficou a madrugada inteira alimentando a fogueira para a fera não se aproximar. Vínculos sólidos assim não se abalam tão facilmente. Depois de algumas horas da partida repentina, Silvia voltou a São Raimundo Nonato e se uniu à equipe, onde novas descobertas surgiam.

5. PEDRA RACHADA

"DEZOITO MIL ANOS?", repetiu Niéde ao telefone, quando soube do resultado da datação de amostras de carvão que enviara a um laboratório em Paris. Era começo dos anos 1980.

O material havia sido encontrado no sopé de um enorme paredão inclinado e apinhado de pinturas rupestres. Aqueles desenhos na Toca do Boqueirão da Pedra Furada eram, em sua visão, prova cabal de uma presença humana antiga. Mas quão antiga?

Para resolver esse tipo de questão, os cientistas costumam recorrer a técnicas que examinam quantidades microscópicas de carbono-14 em amostras analisadas.

A quantidade de átomos de carbono decai a um ritmo contínuo com o passar do tempo e, assim, o resultado pode nos dar pistas dos anos decorridos. Mas o método só serve para o que for orgânico. Não era o caso dos pigmentos encontrados nos painéis do Piauí.

A equipe franco-brasileira passou então a escavar embaixo do paredão em busca de outros vestígios que os ajudassem a obter uma estimativa de tempo. Encontraram pedaços de carvão, possíveis de serem datados, e dois instrumentos de pedra lascada pontiagudos. Àquela altura havia um consenso na comunidade científica: um grupo de *Homo sapiens* entrou nas Américas por volta de 13 mil anos atrás cruzando a pé o estreito de Bering, uma faixa de terra firme que conecta a Sibéria, na Ásia, ao Alasca, na América do Norte.

Esse modelo de ocupação ficou conhecido como "cultura Clóvis" ou "Clovis First". Clóvis é o nome de uma cidade no Novo México, nos Estados Unidos, onde foram encontradas pontas de lança, muito bem-acabadas, junto a ossos de mamute. Logo depois, uma série de instrumentos descobertos nos arredores corroborou a tese.

A crença no modelo Clovis First, que já datava de meio século, era tão arraigada que os pesquisadores costumavam abandonar os achados caso sugerissem datas mais remotas.

"Impossível. Está errado, vocês devem ter utilizado as amostras erradas. Repitam", ordenou Niéde à moça do laboratório, do outro lado da linha. "O resultado está correto", respondeu a voz, sem se abalar com o pito. "Retorne e amplie a escavação."

Niéde voltou a campo e escarafunchou o solo até chegar à rocha de base, a 8 metros de profundidade. A cada nova datação, um recuo ainda maior no tempo. Animada, convidou a arqueóloga francesa Anne-Marie Pessis para integrar as expedições. Com chapéu, para proteger a pele alva, e câmera a tiracolo, a francesa se embrenhou pelo sertão para tirar fotos das pinturas rupestres, foco de suas pesquisas.

A fim de evitar que a amiga carregasse o equipamento sozinha, Niéde organizou um rodízio no grupo, provocando ciúme em Silvia: *Por que raios sua perna de gambito não causava tanta comoção?*, pensava ela, envergada sob o peso da tralha e da alegada injustiça. Os mateiros também estranharam a presença de "Mon Chéri" e, pelos cantos, trocavam as impressões sobre a nova integrante da turma.

Em junho de 1986, Niéde publicou suas descobertas na prestigiada revista científica britânica *Nature*: "Datação de carbono-14 aponta presença humana nas Américas há 32 mil anos", dizia o título do artigo assinado em parceria com Georgette Délibrias, uma das pioneiras no campo do radiocarbono.[1] Na mesma edição, um artigo de Warwick Bray, do Instituto de Arqueologia da Universidade de Londres, endossava os achados do Piauí: "A validade das suas evidências parece fora de dúvida."

O texto curto de três páginas rendeu outras tantas na mídia: "Arqueólogos localizaram os mais antigos sítios pré-históricos já descobertos em toda a América", destacou o jornal *Folha de S.Paulo*.[2] "Caverna revela vida pré-histórica no NE", anunciou o *Estadão*.[3] "Escavação no Piauí leva a homem de 32 mil anos", celebrou *O Globo*.[4] "Novas descobertas desafiam ideias sobre primeiros americanos", estampou *The New York Times*.[5] Equipes de tele-

---

1. Niéde Guidon e Georgette Délibrias, "Carbon-14 Dates Point to Man in the Americas 32,000 Years Ago", *Nature*, 19 jun. 1986, pp. 769–771.
2. "Piauí terá museu para achados arqueológicos", *Folha de S.Paulo*, Educação e Ciência, 25 jun. 1986, p. 16.
3. "Caverna revela vida pré-histórica no NE", *O Estado de S. Paulo*, Noticiário Geral, 20 jun. 1986, p. 7.
4. "Escavação no Piauí leva a homem de 32 mil anos", *O Globo*, O País, 25 jun. 1986, p. 5.
5. John Noble Wilford, "New Finds Challenge Ideas on earliest Americans", *The New York Times*, Section C, 22 jul. 1986, p. 1.

visão da Alemanha e do Japão desembarcaram na caatinga para ver de perto o sítio mais remoto das Américas. Estudantes de arqueologia foram até lá, a fim de estagiar com a franco-brasileira. Aos confetes, somaram-se os tomates.

Boa parte da comunidade científica reagiu com ceticismo ao artigo na *Nature*. Não passa de "euforia injustificada", disse a arqueóloga estadunidense Betty Meggers, do Instituto Smithsoniano de Washington, aferrada à teoria de Clovis First.[6] Houve quem duvidasse do resultado da análise dos vestígios de carbono-14, mas mesmo aqueles sem objeções quanto à datação relutaram em dar aval a um povoamento americano tão antigo.

O cerne da polêmica consistia em pôr em xeque a natureza antrópica dos achados. Em resumo, questionavam se seria acaso natural, não exatamente resultante da intervenção humana. Aquilo que consideravam uma "faca" feita pelo homem na Serra da Capivara poderia consistir em apenas uma pedra lascada acidentalmente algum dia ao desabar de um barranco, ou ser obra de algum macaco, capaz de empregar fragmentos

---

6. "Antropóloga americana contesta os vestígios de 300 mil anos na Bahia", *Folha de S.Paulo*, 17 dez. 1986, p. A17.

de pedra para extrair parte comestível dos alimentos. Havia dúvidas também em relação aos pedaços de carvão. Como garantir que eram resquícios de uma fogueira feita por nossos antepassados, e não apenas resultado de um incêndio natural?

As datações seguintes atiçaram ainda mais o fogaréu. Em setembro de 1987, Niéde embarcou para os Estados Unidos carregando um novo lote de material, restos de carvão de fogueira encontrados sob blocos pesados, para serem analisados. Em outubro, o cálculo apontou 39 mil anos.

Em 1988, em um simpósio em Washington, no Instituto Smithsoniano, Silvia Maranca foi além: comunicou à plateia de cientistas que a equipe encontrara indícios de ocupação humana 41 mil anos antes da descoberta do continente por Cristóvão Colombo.[7] Alguns anos depois, Niéde chegaria a cravar que já havia gente no Piauí 100 mil anos atrás.[8]

Regressar milhares de casinhas na linha do tempo, como propunha a franco-brasileira, exigia reformular

---

7. Flávio de Carvalho, "Piauí encontra homem de 41.500 anos", *O Estado de S. Paulo*, Ciência e Tecnologia, 1º out. 1988, p. 10.
8. Marcos Pivetta, "Niéde Guidon: a arqueóloga diz que *Homo sapiens* já estava no Piauí há 100 mil anos", *Pesquisa Fapesp*, abr. 2008.

todos os conceitos sobre o povoamento do continente americano.

A história da nossa espécie começa por volta de sete milhões de anos atrás na África, onde vivia um tipo de primata considerado ancestral comum do homem e do chimpanzé. É como se aquele símio arcaico fosse nosso avô, e os macacos atuais, nossos primos.[9]

O *Homo sapiens* arcaico surgiu há cerca 2,5 milhões de anos; o *sapiens* caçulinha só deu o ar da graça 300 mil anos atrás. Niéde costuma brincar que fomos criados pelo Cramulhão com a missão de destruir a obra divina, que se mostrava impecável. Estima-se que tenham existido seis espécies humanas não modernas circulando por aí, algumas das quais coabitaram o planeta conosco, como a do homem de Neandertal, extinto há 40 mil anos.[10]

Há quem nos acuse de tê-los aniquilado. Embora a hipótese seja plausível – afinal, seguimos matando à

---

9. Reinaldo José Lopes, "Nós não viemos dos macacos", *Superinteressante*, 5 abr. 2012.
10. Se quiser saber mais sobre a chegada do homem na América, aqui vão algumas dicas: o documentário *A incrível jornada humana*, BBC, 2009; o livro *1499: O Brasil antes de Cabral* (2017), de Reinaldo José Lopes; e a reportagem "Os seixos da discórdia", de Bernardo Esteves, na revista *piauí*, ed. 88, jan. 2014.

toa, não é mesmo? –, não há evidência de confrontos diretos, salvo o caso isolado de um Neandertal encontrado no Oriente Médio com uma ponta de lança enfiada no osso. A hipótese mais provável é que nossos primos atarracados e troncudos tenham desaparecido por outras razões: faziam parte de um grupo pequeno e pouco conectado, que acabou sucumbindo a mudanças climáticas e à competição pela sobrevivência.

Na verdade, fizemos amor, não guerra. Todos os seres humanos que nasceram fora da África carregam entre 1% e 4% de DNA de Neandertal, dado que só foi possível aferir em 2010, com o desenvolvimento da arqueogenética. O teste por DNA é, atualmente, o meio mais preciso para o esclarecimento de paternidades ou maternidades duvidosas.

ANTES DA REVOLUÇÃO Agrícola, ocorrida há apenas 10 mil anos, nossos ancestrais dependiam exclusivamente da caça, da pesca e da coleta de vegetais para sua subsistência. Quando os recursos de uma área se esgotavam, esses grupos de caçadores-coletores eram impelidos a buscar alimento em outras paragens.

Nômades, foram se espalhando pelo globo. Ganharam a Ásia e a Austrália, na Oceania, há cerca de 60 mil anos, e chegaram à Europa há 40 mil anos.

Enquanto eles conquistavam o mundo, o planeta atravessava um longo período glacial, durante o qual as temperaturas caíram e o nível dos oceanos recuou, chegando abaixo de 130 metros do que é hoje. A área do estreito de Bering se transformou em uma ponte ligando a Sibéria ao Alasca. Provavelmente protegidos do frio com casacos de pele de animais, costurados com agulhas feitas de ossos, teriam aproveitado esse pedaço de terra firme para alcançar a América, o único continente, além da Antártida, virgem até então.

Recentemente, essa hipótese da ocupação do Novo Mundo via ponte terrestre de Bering foi reforçada pelos estudos genéticos. Essas pesquisas mostram parentesco entre as populações americanas nativas e os povos asiáticos. Dados mais antigos davam aos cientistas estimativas de que a ponte ficou emersa de 27 mil a 10 mil anos atrás, desaparecendo quando as enormes geleiras derreteram e liberaram tanta água que o nível do mar subiu centenas de metros no mundo todo. Se a rota tiver sido de fato essa, os humanos teriam atravessado a ponte nesse período específico, e qualquer data superior colocaria a premissa em xeque.

A hipótese de Niéde rebate essa. No seu argumento, as migrações ocorreram tanto por terra quanto por mar. Para fugir da seca terrível que abateu a África há cerca de 100 mil anos, nossos antepassados teriam usado embarcações rústicas e a corrente marítima de Benguela a seu favor. Assim, teriam aportado na América do Sul, trajeto direto e mais curto do que o da ponte de Bering.

Cruzar grandes extensões de barco em tempos remotos devia ser complicado do ponto de vista tecnológico, mas talvez não fosse inviável. A Austrália, por exemplo, foi povoada pelos *sapiens* há 60 mil anos, quando não havia alternativa a não ser por mar. Especialistas, como os arqueólogos da USP André Strauss e Ximena Suarez Villagran, já estão abertos à ideia de que eles avançaram para o Novo Mundo, depois do último período glacial,[11] por uma rota litorânea, descendo do Alasca para outras paragens pelo oceano Pacífico.

A diferença, argumentam, é que faltam vestígios de uma rota transatlântica conectando a África à caatinga, enquanto nas outras regiões há um corpo de evidências arqueológicas e genéticas muito bem estabelecido. "Essas pessoas não poderiam ter brotado da terra", instigou o arqueólogo Walter Neves.

---

11. O último período glacial, também indicado como Idade do Gelo, refere-se ao período correspondente à maior extensão dos mantos de gelo, há aproximadamente 20.000 anos.

Niéde rebateu dizendo que não acham as evidências porque não procuram sistematicamente como ela e, além do mais, não quer entrar na competição para ver que sítio é mais antigo. "Para mim pouco importa, acho isso cretino. Vou para o Piauí estudar minhas pinturinhas bonitinhas."[12]

O discurso *blasé* frente à contenda se alternou com reações mais viscerais ao longo dos anos. Niéde ficou de fato frustrada com o descrédito de seus pares, acusando-os de reagir de forma emocional e um tanto preguiçosa a seus achados. Antes de sair por aí criticando o trabalho alheio, provocou certa vez, poderiam ao menos tirar a bunda da cadeira e ir até o Piauí examinar os achados de perto.

Com 40% da área do Boqueirão da Pedra Furada escavada, Niéde convidou o arqueólogo e paleontólogo italiano Fabio Parenti, seu aluno na Sorbonne, para assumir o trabalho no sítio. Parenti concordou, mas avisou duvidar da antiguidade das peças no Piauí.

"Rapaz", respondeu Niéde, "se você demolir minha tese, isso prova que sou boa professora."

---

12. Nara Madeira, Elton Viana, Saul Lemos *et al.*, "Niède Guidon: memórias pintadas na pedra ou um olhar para o passado, presente e futuro", *Revista Entrevista*, 2000, p. 94.

O italiano assumiu as escavações em 1986 e logo se deu conta de um desafio. O sítio ficava embaixo de um penhasco repleto de seixos de quartzo – a matéria-prima das antigas ferramentas. A chance de terem caído lá de cima durante esses milhares e milhares de anos, rachando fortuitamente, de modo a mimetizar o lascamento humano, era enorme.

A fim de checar essa hipótese e assim "afastar o fantasma da ambiguidade", o italiano arremessou pedras do alto da montanha e, com uma atenção especial para distinguir "a parte devida ao homem do ruído de fundo da natureza", comparou-as com os materiais encontrados por Niéde nas escavações.[13] Para ele, os artefatos eram realmente antrópicos.

PARA REBATER A IDEIA de que o carvão era fruto de incêndios naturais, o pesquisador e sua equipe vasculharam todo o vale da Pedra Furada. Os vestígios de combustão indicaram a presença de fogos localizados e não generalizados. Um incêndio natural, concluíram, teria deixado marcas em todos os fósseis ao redor, o que não ocorreu.

---

13. Fabio Parenti, "Além da Pedra Furada: O interior do nordeste do Brasil. Problemas e perspectivas", *Revista de Arqueologia*, 1999-2000.

A tese de Parenti rendeu quatro volumes, um calhamaço "pesando monstruosos sete quilos".[14] Como o texto era em francês, suas observações circularam quase exclusivamente na Europa, sem ecoar na academia americana, justamente a mais aferrada ao modelo Clóvis.

Era dezembro de 1993, dúzias de arqueólogos, como os estadunidenses Tom Dillehay, David Meltzer e James Adovasio, questionadores do paradigma Clovis First, desembarcaram em São Raimundo Nonato para participar de um simpósio de quatro dias sobre o povoamento das Américas. A fim de ganhar o reconhecimento estrangeiro, Niéde os havia convidado, para que pudessem conhecer e inspecionar suas descobertas de perto.

Nas ciências, é possível refazer um experimento em laboratório para checar as alegações de um colega. Na arqueologia, não. Em caso de dúvida, é adotada a prática da visita de especialistas aos sítios em disputa, a fim de que os críticos e proponentes examinem as evidências *in loco*.

---

14. Paul G. Bahn, "50,000-year-old Americans of Pedra Furada" [Americanos de 50 mil anos da Pedra Furada], *Nature*, 1993, pp. 114–115.

Os debates em várias línguas foram acalorados naquele pedaço do sertão, inclusive porque a energia caiu e os ventiladores pararam de funcionar em determinado momento.[15] As acentuadas diferenças de opinião dentro dos círculos da arqueologia brasileira ficaram evidentes nas conferências. Niéde defendeu que os *sapiens* viviam no Piauí 50 mil anos antes. Maria Beltrão foi mais ousada, reivindicou sítios com mais de 295 mil anos. Marília Carvalho de Mello e Alvim fez uma apresentação com números mais ortodoxos.[16]

Depois foi a vez dos parasitologistas Luiz Fernando Ferreira e Adauto Araújo, da Fundação Oswaldo Cruz. A dupla contou ter encontrado em coprólitos – nome cheio de pose para se referir a fezes fossilizadas –, no Boqueirão da Pedra Furada, ovos de parasitas causadores do amarelão (ancilostomose). Datavam 7.200 anos. Esses vermes são muito particulares. Para sobreviverem, devem passar parte da vida em solo com temperatura elevada. Não poderiam, portanto, ter

---

15. David J. Meltzer, *First Peoples in a New World: Colonizing Ice Age America* [Primeiros povos em um Novo Mundo: colonizando a América da Era do Gelo], 2010; Ana Pinho, Bia Guimarães e Sarah Azoubel, "A lasca que falta", *Podcast 37 Graus*, 27 out. 2020.

16. Elaine Dewar, *Bones: Discovering the First Americans*, 2001.

vindo da Sibéria ao Alasca via ponte de Bering, pois seria impossível terem se perpetuado em ambiente frio.

Um colega do Havaí, Michael M. Kliks, rebateu com um texto. Quem garantia que os coprólitos eram de humanos, e não excremento de algum animal? Os ovos encontrados, sugeriu ele, poderiam ser de outro parasita. "Nem tudo que reluz é ouro", concluiu, irônico.[17]

De volta aos Estados Unidos, Tom Dillehay, David Meltzer e James Adovasio escreveram um texto desalentador, publicado na revista *Antiquity*.[18] Mesmo considerando o encontro "um marco da arqueologia americana", e tendo elogiando o alcance do trabalho no sítio da Pedra Furada, os signatários não estavam convencidos quanto às reivindicações da antiguidade humana da Era do Gelo, finda há 11,7 mil anos.

Dois deles pleiteavam uma antiguidade anterior ao modelo Clóvis em escavações em Monte Verde, no Chile, e em Meadowcroft, nos Estados Unidos. Reconheciam que se podia apontar parcialidade na sua própria análise, mas não se tratava de uma

---

17. *Ibidem*.
18. David J. Meltzer, James M. Adovasio e Tom D. Dillehay, "On a Pleistocene Human Occupation at Pedra Furada, Brazil" [Sobre uma ocupação humana pleistocênica na Pedra Furada, Brasil], *Antiquity*, dez. 1994.

"competição em que apenas um sítio pode 'ganhar' e outros devem 'perder'. Este não é, apressamo-nos a acrescentar, um julgamento final: isso deve aguardar a publicação da monografia inédita de Parenti".[19]

Ressalvas feitas, iniciaram no mesmo artigo suas críticas fulminantes. Uma delas, à forma como foram conduzidas as escavações. Como diz o bordão da arqueologia, fazer uma escavação é como ler um livro e queimar as páginas. O que já foi escavado não pode ser recuperado, a não ser que a documentação tenha sido extremamente meticulosa. Por fim, os americanos rejeitaram categoricamente a análise morfológica e estatística dos artefatos líticos feitas por Fabio Parenti. Não sobrou pedra sobre pedra.

"São três maricas que não tiveram coragem de vir brigar aqui direto", reagiu Niéde, irritada com o que considerou uma emboscada.[20] "Aqui não contestaram nada, aqui não perguntaram nada." E continuou, bradando suas credenciais: "Tenho formação de primeira classe, não são meus colegas americanos que vão me dar lição."[21]

---

19. *Ibidem.*
20. Nara Madeira, Elton Viana, Saul Lemos *et al.*, *op. cit.*, p. 101.
21. Marcelo Leite, "O país sem pré-história: a falha arqueológica do Brasil", *Folha de S.Paulo*, Mais!, 19 mar. 2000.

Niéde foi a campo com uma máquina fotográfica a tiracolo, a fim de registrar os mesmos detalhes examinados pelo trio, para contestar a argumentação de que o material lítico era resultado do acaso. Em seguida, escreveu uma réplica ao artigo: classificou as críticas de "levianas"; observou que nenhum deles era especialista em arqueologia de regiões tropicais para se arvorar a dar um parecer categórico e os acusou de ignorar o currículo de peso de seu time.[22]

Depois que os estadunidenses depreciaram seu trabalho, houve repercussões reais. Seu financiamento foi afetado e, segundo Niéde, por pouco não secou. "Um antropólogo de São Paulo escreveu ao CNPq e à Finep e disse para eles cortarem meu dinheiro, porque os americanos provaram que todo o meu trabalho era falso. Meus amigos me contaram isso."[23]

•

---

22. Niède Guidon, Anne-Marie Pessis, Fabio Parenti, Michael Fontugue e Claude Guérin, "Nature and Age of Deposits in Pedra Furada, Brazil: Reply to Meltzer, Adovasio & Dillehay" [Natureza e Idade dos Depósitos na Pedra Furada, Brasil: resposta a Meltzer, Adovasio & Dillehay], *Antiquity*, jun. 1996, p. 408.
23. Elaine Dewar, *op. cit.* Conselho Nacional de Desenvolvimento Científico e Tecnológico (CNPq) e Financiadora de Estudos e Projetos (Finep) são órgãos de fomento.

ANOS MAIS TARDE, Parenti fez uma análise do efeito nocivo da crítica: alguns trabalhos "cujo objetivo era unicamente jogar a última pá de terra sobre o cadáver" fizeram com que o sítio da Pedra Furada entrasse "numa fase límbica na literatura especializada".[24]

A resistência ao sítio do Piauí veio sobretudo dos estadunidenses, mas não passou incólume pelo julgamento dos brasileiros. Em 1995, os arqueólogos Walter Neves e Eduardo Neves publicaram um texto no jornal elogiando o artigo "dos três renomados arqueólogos" e consideraram um disparate a mídia – e até mesmo os livros didáticos para crianças – comprar a tese de Niéde, de que a América havia sido ocupada 50 mil anos antes, sem o aval da comunidade científica.[25]

Dois meses depois, Niéde revidou. Se estavam "tão preocupados com a divulgação de suas descobertas", por que raios não abriram o bico antes e só vieram a público dez anos depois, de carona no artigo dos gringos?[26]

---

24. Fabio Parenti, "Além da Pedra Furada: o interior do nordeste do Brasil. Problemas e perspectivas", *Revista de Arqueologia*, 1999–2000.
25. Walter Neves e Eduardo Neves, "Pedra Furada", *Folha de S.Paulo*, Opinião/Painel do leitor, 29 jan. 1995.
26. Niéde Guidon, "Pedra Furada", *Folha de S.Paulo*, Opinião/Painel do leitor, 10 mar. 1995.

Com o colega André Prous, a franco-brasileira foi mais drástica. Abriu um processo na justiça por difamação e danos materiais, obrigando-o a contratar dois advogados, um em Belo Horizonte, onde vive, e outro em São Raimundo Nonato. Francês radicado no Brasil, Prous a conhecia de Paris e das inúmeras histórias sobre ela contadas por madame Emperaire, com quem havia trabalhado nas escavações que descobriram o fóssil da ilustre Luzia em Lagoa Santa.

A ação foi desencadeada por um artigo no qual Prous tecia as objeções de praxe às datações do Boqueirão da Pedra Furada.[27] O francês já havia demonstrado, com Luzia, que não convinha datar a descoberta a partir do carvão. É que o crânio da mulher havia rolado do lugar de origem para uma camada mais baixa. Isso fez com que os cientistas considerassem o fóssil mais antigo do que de fato era.[28]

É comum um leigo imaginar que os vestígios do passado ficam congelados, como os corpos em Pompeia no momento da erupção do vulcão, mas,

---

27. André Prous, "O povoamento da América visto do Brasil – uma perspectiva crítica", *Revista USP*, 30 ago. 1997.
28. Bernando Esteves, "O evolucionista", *piauí*, ed. 134, nov. 2017.

de maneira geral, não é assim que a banda toca. Os vestígios saem do lugar no decorrer dos anos por inúmeros fatores: um tatu, uma raiz, o próprio ritual funerário e o ato de enterrar, enfim, uma série de processos de perturbação posterior concorrem para a mudança geográfica.

Mas o que mais enervou Niéde foi o trecho no qual Prous dizia que, na "ânsia de envelhecer" a Pedra Furada, ela teria apresentado em uma reunião em Brasília "fotografias de um crânio 'de criança' encontrado em contexto muito antigo; verificou-se logo que se tratava de um crânio de macaco."[29]

Niéde negou ter dito tal "asneira".

"O cabra, bestão – ele é meio abestalhado [...] –, vai dizer que falei [isso] em uma reunião. [...] Como ele não gosta de gastar dinheiro, eu botei na justiça."[30]

Na sequência, passou a listar suas credenciais: "Tive o cargo de professora titular em Paris, na École des Hautes Études. [...] Entre os meus colegas tinha Lévi-Strauss [...], Alain Touraine. [...] É uma elite da universidade francesa."[31]

---

29. André Prous, *op. cit.*
30. Nara Madeira, Elton Viana, Saul Lemos *et al.*, *op. cit.*, p. 102.
31. *Ibidem*, p. 98.

A partir desse momento, Niéde passou a mencionar seus títulos em entrevistas, mais como defesa do que soberba. Em uma de nossas conversas, falando sobre a beleza da caatinga, ela disse que, se fosse um vegetal, seria um cacto. A analogia soa perfeita. Essas plantas utilizam seus espinhos afiados para espetar quem tente comê-las. Lição dada, é provável que os espertinhos não se atrevam novamente.

A jornalista canadense Elaine Dewar fez uma observação interessante a respeito. Na primeira vez que Niéde levantou suas credencias acadêmicas, Dewar achou que ela fosse arrogante. Na segunda, que tivesse problema de autoestima. Na terceira, entendeu: "suas credenciais são seu escudo".[32]

SE NOSSOS ANTEPASSADOS soubessem o banzé que causariam no meio científico para determinar a data de sua chegada às Américas, talvez tivessem deixado mais pistas pelo caminho.

Trabalhar com arqueologia é como montar um quebra-cabeça incompleto. O desafio é decifrar a imagem do tabuleiro apenas com as peças disponíveis. Como observou Niéde na sua réplica ao artigo

---

32. Elaine Dewar, *op. cit.*

dos estadunidenses, "No campo da pré-história nada é definitivo. Trabalhando com dados de vestígios, não temos um universo real, mas apenas séries fragmentárias."

O elemento mais incontestável do *puzzle* seria encontrar na Serra da Capivara uma ossada humana de 50 mil anos com colágeno preservado – a porção do osso possível de ser datada –, o que permitiria obter dados científicos difíceis de contestar. No entanto, são raros os esqueletos remanescentes na região. O clima quente e a acidez do solo de arenito são impróprios para a conservação de materiais orgânicos.

Arqueologia é também uma espécie de investigação forense. Um promotor pode reunir um arsenal de provas para incriminar o réu, mas, se o corpo da suposta vítima nunca for encontrado, fica difícil alcançar um veredito por homicídio. Sem corpo, sem evidência de morte.

"Tem que ter osso do lado para ser ferramenta?", rebateu Eric Boëda, pesquisador do Centro Nacional de Investigação Científica, maior órgão de pesquisa da França. Boëda assumiu a missão franco-brasileira no Piauí depois de Niéde se aposentar. "Fazendo uma analogia, será que daqui a 10 mil anos, quando encontrarem uma biblioteca de nossos dias, os livros terão perdido todo o sentido se os seus autores não forem encontrados?"[33]

A ponderação do francês remete à do astrônomo e divulgador científico Carl Sagan, que certa vez disse: "Ausência de evidência não é evidência de ausência."

No final da década de 1970, um grupo de lenhadores de Monte Verde, no Chile, encontrou acidentalmente um conjunto de vestígios próximo a um riacho. Tom Dillehay passou a escavar o local e se deparou com um arsenal de restos preservados: três pegadas humanas, restos de frutas e raízes, estruturas de madeira de tendas, tufos de pelos e algas marinhas, sementes.

A datação por carbono-14 mostrou que o material tinha em torno de 14.600 anos de idade. A conservação dos achados se deu graças a uma camada de turfa. Matéria vegetal em decomposição, a turfa cria um ambiente pobre em oxigênio, poupando o material do ataque de bactérias.

Os resultados dos estudos foram publicados em 1989. Por serem mais antigos do que Clóvis, foram recebidos com o ceticismo de praxe. Apenas em 1997, ou seja, quase uma década depois, um punhado de

---

33. Solange Bastos, *O paraíso é no Piauí: a descoberta da arqueóloga Nièdè Guidon*, 2010.

especialistas inspecionou o sítio *in loco* e anunciou o veredito unânime: existia gente no Chile há mais de 14 mil anos. Monte Verde passou a ser considerado pela maioria da comunidade científica o sítio mais antigo das Américas.

Clóvis não era o *first*, e seu modelo se tornava obsoleto. Mil anos a mais, em termos geológicos, parece coisa miúda, mas foi essa descoberta que marcou a troca de paradigma. Desde então, têm pipocado sítios no continente americano com idade alegada anterior a Clóvis, como a Caverna Chiquihuite, no México, com cerca de 30 mil anos, e San Diego, na Califórnia, nos Estados Unidos, mais remoto ainda, onde foram encontrados ossos de mastodonte sugerindo a presença de hominídeos há 130 mil anos.

"Cento e trinta mil anos? Cáspite. É muita, muita coisa. Por muito menos a brasileira Niéde Guidon amargou décadas de menosprezo por vários de seus pares", escreveu o jornalista Marcelo Leite na época, numa coluna intitulada "A vingança é um prato de ossos".[34] As reações se deram também nas redes

---

34. Marcelo Leite, "A vingança é um prato de ossos", *Folha de S.Paulo*, 30 abr. 2017.

sociais: "O tipo de evidência que foi encontrada na Serra da Capivara, por Niéde Guidon. Quem sabe agora terá crédito?", tuitou Sônia Bridi, jornalista da Rede Globo, quando as descobertas do México foram noticiadas.

Mas devagar com o andor. Datações muito antigas ainda não têm ampla aceitação e são recebidas com desdém pela academia. Para o arqueólogo André Strauss, professor do Museu de Arqueologia e Etnologia da USP, não restam dúvidas de que a ocupação do Piauí é bastante antiga, o problema é espichar demais a linha do tempo. "Uma coisa é o 'pré-Clovizinho', outra é o 'pré-Clóvizão'", ponderou Strauss. A diferença entre esses dois grupos, disse, é a profundidade no tempo das duas vertentes. Os mais conservadores advogam que os humanos teriam chegado à América por volta de 16 mil anos atrás, no último período glacial, o outro grupo comporta versões diversas, chegando até 130 mil anos.

Estudos de DNA mostram que a população asiática originária dos povos nativos americanos se formou entre 21 mil e 20 mil anos atrás. A ocupação do continente, portanto, teria acontecido depois disso.

•

EM 2014, os pesquisadores da Serra da Capivara publicaram um estudo na revista *Antiquity*.[35] No texto, Niéde, Boëda e colegas brasileiros, franceses, espanhóis e chilenos relatavam ter encontrado ali indícios da presença humana com mais de 20 mil anos. Dessa vez, além da data menos ousada, a publicação vinha acompanhada de apreciações positivas de cinco pesquisadores independentes, incluindo antigos opositores, como Tom Dillehay.[36] Dillehay já estava revendo sua posição havia algum tempo. "Para ser honesto, eu próprio fui culpado por uma análise instantânea – por exemplo, ao questionar os achados do sítio de Pedra Furada, no Brasil, que dizem ter de 15 mil a 45 mil anos. O arremesso instantâneo de opi-

---

35. Eric Boëda, Christelle Lahaye, Gisele Daltrini Felice, Niède Guidon, *et al.*, "The Peopling of South America: Expanding the Evidence" [O povoamento da América do Sul: ampliando as evidências], *Antiquity*, set. 2014, pp. 954-955; Eric Boëda, Ignacio Clemente-Conte, Michel Fontugne, Christelle Lahaye *et al.*, "A New Late Pleistocene Archaeological Sequence in South America: The Vale da Pedra Furada (Piauí, Brazil)" [Uma nova sequência arqueológica do Pleistoceno Superior na América do Sul: o Vale da Pedra Furada (Piauí, Brasil)], *Antiquity*, set. 2014, pp. 927–941.

36. Tom D. Dillehay, "Standards and Expectations" [Padrões e expectativas], *Antiquity*, set. 2014, pp. 941–942.

nião se tornou uma espécie de esporte no estudo dos primeiros americanos, um esporte que revela nossa compreensão arbitrária de sítios pouco conhecidos e do povoamento das Américas", escreveu na revista *The Sciences*.[37]

"Olhando de novo para os sítios de Niéde e Eric, estou ficando mais convencido de que havia pessoas ali há 20 ou 25 mil anos", disse à revista *piauí*.[38]

Os guias da Serra da Capivara defendem uma ocupação bem mais antiga naquelas bandas – e o mesmo é indicado pelas placas dos museus e do parque. Datas mais remotas, no entanto, não são endossadas pela comunidade científica internacional. Quando se trata de ciência, é preciso comprovar afirmações com métodos rigorosos.

Sempre que toquei no assunto em nossas conversas, Niéde minimizou as críticas de seus pares. "Detesto essa competição para ver quem é o mais antigo", disse certa vez. "No Brasil e na Europa, nunca houve dúvidas. A única contestação foi dos Estados Unidos."

---

37. *Idem*, The Battle of Monte Verde [A batalha de Monte Verde], *The Sciences*, jan.–fev., 1997.
38. Bernardo Esteves, "Os seixos da discórdia", *piauí*, ed. 88, jan. 2014.

A arqueóloga ainda não apresentou uma prova fumegante para convencer seus pares do povoamento de 50 mil anos ou mesmo 100 mil anos naquele pedaço do sertão, mas mesmo os críticos mais empedernidos reconhecem sua determinação em criar o Parque Nacional Serra da Capivara. Não só criar, mas arrancá-lo do papel, lugar onde costumam amarelar a maior parte das iniciativas do tipo.

Em 1986, ano em que publicou seu artigo na *Nature* e sete anos após o decreto autorizando a proteção da área pleiteada, Niéde, enfim, começou a lograr seu intento de preservar aquela área. Acabou somando ao duelo com a comunidade científica outro mais literal, com a comunidade local.

6. DEUS E O DIABO NA TERRA DO SOL

EROTILDES FRANCISCA de Souza Silva, a dona Nenê, tem mais de 80 anos, dez filhos e uma mágoa: ter sido arrancada da terra onde nasceu, cresceu e viveu até a criação do Parque Nacional Serra da Capivara.

A sertaneja se recorda dos primeiros dias de Niéde, quando contratava pessoas para irem com ela até as rochas. A cada visita, era preciso levar mais gente. "Nós achando tudo uma beleza. Nós era é tudo besta", lamenta.

Ato contínuo, risca um palito de fósforo, ateia fogo em um pedaço de papel e o joga no fogão a lenha. O som dos gravetos queimando lentamente é intercalado pelo grasnar de galos e galinhas dos quintais e ruelas da comunidade do Novo Zabelê, situada na zona rural, a quinze quilômetros de São Raimundo Nonato.

Dona Nenê peleja na roça e toca com colegas de sua faixa etária um restaurante à beira da estrada, na entrada do vilarejo. No domingo do nosso encontro, o local – que abre de quando em quando com hora marcada, e olhe lá – está fechado e ela não tem as chaves. Ficamos do lado de fora, na varanda. Em vez da galinhada aventada para o almoço, iria repartir comigo a marmita trazida num pote plástico com pedaços de carne de bode, arroz, feijão e macaxeira – e ai se eu não aceitar, avisa.

Com uma mão na cintura e a outra a abanar a brasa ainda fraca do fogão, prossegue seu relato: "As meninas não vieram. Acho que tá tudo assombrada ainda com a pandemia, ou é preguiça mesmo."

Magrinha e agitada, imbuída de uma vitalidade que lhe confere um ar jovial, a filha de Maria Francisca, parteira do Zabelê, gaba-se de nunca ter tomado um remédio na vida, tampouco ido ao hospital. Conta que aprendeu a estar sempre em movimento para escapulir dos cascudos do marido cachaceiro. "Acho que por isso até hoje não sei ficar parada. Ele entrava por uma porta, eu corria pela outra. Quebrava tudo, mas não me alcançava."

Depois de meio século sob o mesmo teto, dona Nenê colocou o homem para correr. Mas o sujeito não desistiu. "Até o dia de morrer ficou botando esperança em mim", diz. Em seguida, aproxima o rosto bem perto do lume no fogão e passa a soprá-lo, para acelerar a combustão. "O trabalho é o fogo pegar, mas, quando pega, aí vai", explica.

Entre Niéde e o povo do Zabelê, a coisa também se deu assim. A relação calorosa foi, com o passar dos anos, levantando fervura até soltar faíscas e o caldo entornar de vez. Esse passado do parque não está cravado nas pedras, mas na memória de dona Nenê e dos seus, matéria prestes a se esvair.

NA REGIÃO DA SERRA DA CAPIVARA viviam comunidades, a maior delas era a do Zabelê, com cerca de cem famílias. Zabelê é o nome de um pássaro e, diz a lenda, também de uma moça indígena que se apaixonou por um rapaz de um grupo inimigo. Espécie de Romeu e Julieta do sertão, o romance entre os dois termina como o clássico do bardo, em tragédia.

A ocupação daquele pedaço do Piauí também foi sangrenta. Sertanejos com quem conversei descendem de indígenas. Seus antepassados foram "pegos dentro do cachorro", como dizem, em referência ao método dos invasores de usarem cães para farejar os povos originários, acuá-los e tirá-los de seu canto amarrados, feito bicho.

Isso aconteceu sobretudo entre os séculos 16 e 19. Colonizadores dizimaram os nativos, escravizaram os sobreviventes e surrupiaram suas terras. Pela participação de destaque no massacre, um sujeito conhecido como *véio* Vitorino Paes Landim foi agraciado com a posse de três fazendas daquela região. Dada a fama do *véio*, muita gente passou a adotar seu sobrenome para se passar por parente e assim conseguir trabalho e um pedaço de solo para chamar de seu.[1]

Basta dar uma volta hoje no Sítio do Mocó, povoado situado aos pés do parque, e verificar o sobrenome daquelas famílias. Paes Landim predomina. É Paes Landim namorando com Paes Landim, casando com Paes Landim, parindo Paes Landim.

---

1. Maria Sueli Rodrigues de Sousa e Savina Priscila Rodrigues Pessoa, "Desenvolvimento e proteção ambiental, quem paga por isso? Os direitos fundamentais de tradicionais e quilombolas nas políticas de desenvolvimento e de proteção ambiental", *Informe Econômico*, dez. 2015.

A atividade econômica principal dos arredores era a pecuária, mas, como a região da Serra da Capivara era muito árida, o gado costumava passar por caminhos alternativos, o que favoreceu que aquele pedaço da caatinga conservasse boa parte de sua vegetação primária.

Até meados dos anos 1960, o principal na economia foi a extração de látex da maniçoba, matéria-prima para fazer borracha. No auge do ciclo, famílias inteiras de outros estados, movidas pela esperança de o látex tirá-los da miséria, correram para o sudeste do Piauí. O avô de dona Nenê foi um deles.

"Vai escutando com calma", aconselha a sertaneja, sem parar de abanar a brasa. "Já, já chego na doutora Niéde."

A POPULAÇÃO AUMENTOU, a disputa por terras idem, motivo pelo qual os irmãos Antônio Maroto, João Bernardo e Manuel Roberto decidiram se embrenhar na serra em busca de outras paragens para furar maniçoba. Enquanto abriam a mata, deram de cara com um zabelê e concluíram: aquilo não era acaso, era sinal. Fincaram raiz e batizaram o local com o nome do pássaro.

A principal alternativa de morada eram as tocas onde viveram nossos antepassados. As famílias subiram paredes com barro e fragmentos de rochas e transformaram um dos cômodos em depósito para armazenar o látex.[2] Muitos dos abrigos da Serra da Capivara guardam, até hoje, o nome de trabalhadores que lá viveram e podem ser conferidos nos circuitos turísticos que privilegiam a vida das pessoas que moravam na região antes da criação do parque. Havia também casas construídas com taipa – o teto feito de folhas e capim. As panelas eram de barro, e as cuias, de cabaça.

Talher? Não havia. Mas, para nosso almoço, conseguimos garfo e faca com uma vizinha, além de tomates para a salada e laranja para a sobremesa. Enquanto lavo os legumes e as frutas, dona Nenê segue a narrar, um olho no fogo e outro no passado.

No começo dormiam todos nas tocas, depois construíam as casas. A cama era de pau; o colchão, de palha de milho rasgada. "Devagar nós vamos chegar lá na doutora, vai ouvindo", promete, novamente.

---

2. Joseane Pereira Paes Landim e Ana Estela de Negreiros Oliveira, "Caminhos da borracha: memória e patrimônio dos maniçobeiros do sudeste do Piauí", maio 2014.

Cada um tinha seu carreiro de maniçoba na Serra Branca, próximo ao Zabelê, como se fossem os proprietários das árvores naquela rota. Primeiro furavam todos os troncos e deixavam a seiva gotejando num buraco preenchido com argila impermeável, próximo à raiz. Na volta, recolhiam a lapa, a bola formada pela seiva endurecida. Dona Nenê lembra do cheiro forte e ruim que exalava dali.

Mesmo sem força nos braços, os pequeninos ajudavam os pais a extrair o látex, às vezes escapuliam para caçar passarinhos, preás e mocós com a baladeira. Os animais abatidos eram depois servidos nas refeições. Luxo era fugir do calor e deitar alguns minutos sob um pé de manga ou juazeiro. Sombra, cabaça de água e um pedaço de rapadura, precisava mais nada.

O barraqueiro passava nos finais de semana para comprar o produto daquelas famílias, que depois era vendido para Bahia e Pernambuco. O comércio da maniçoba chegou a representar 86% da movimentação econômica de São Raimundo Nonato. Não era raro que os sertanejos possuíssem um pedaço de roça e ali plantassem para consumo e escambo. Parte do excedente era comercializada na feira da cidade; a outra, estocada para sobreviverem à penúria da seca.

"A gente vinha vender em São Raimundo Nonato de animal, jumento. Era um dia pra ir, outro pra voltar, dormia tudo na estrada."

Nos finais de semana tinha missa, futebol e festa. A família de dona Nenê era responsável pela música: o marido no cavaquinho, os filhos nos pandeiros, e ela na dança e na cantoria. O arrasta-pé atraía gente de outras comunidades, como os mateiros Joãozinho da Borda, que ia a cavalo para namorar, e Nivaldo, que levava junto a sanfona ou outro instrumento para dar uma palhinha. Em noites de lua clara, iam até o amanhecer. Em dia de eleição, as autoridades carregavam as urnas até lá para o povo do Zabelê votar.

Famílias e grupos escolares usavam o território para piqueniques. Nos períodos de chuva, a água retida nos caldeirões das rochas servia de piscina para se banharem. Os mais velhos explicavam aos pequenos que os desenhos nos paredões tinham sido feitos pelos caboclos e que, por respeito, ninguém bulia com os "rabiscos". Havia aqueles que atribuíam as obras a seres gigantescos, para lá de cinco metros de altura. Afinal, como tinham conseguido pintar tão no alto? Os mais criativos garantiam que à noite os animais e as pessoas se descolavam do paredão para assombrar os desavisados.

A se fiar na memória de quem lá viveu, não havia futrica nem briga. A não ser o dia em que um rapaz de fora se engraçou com uma moça e os irmãos dela não gostaram, partiram para cima e rolaram no chão, até que alguém puxou a navalha, mas ninguém morreu. O passado adquire tons poéticos, a ponto de parecer idílico. Não parece terem ocorrido dificuldades extremas, como fome, com crianças que morriam feito moscas, de desnutrição ou por falta de água encanada.

QUANDO NIÉDE PISOU pela primeira vez na região, encontrou moradores vivendo nas tocas, alimentando-se de caça e colheita, não muito diferente de como vivia o povo pré-histórico milhares de anos atrás. Muitos dos paredões repletos de pinturas, lamentou a arqueóloga em um de nossos encontros, estavam cobertos de fuligem vinda dos fornos onde torravam a farinha para fazer beiju.

A região da Serra da Capivara também foi usada para exploração de cal – e assim os sertanejos trabalhavam em regime análogo à escravidão. Utilizado na construção civil, a cal é feita de pedras de rochas calcárias moídas e vai ao forno a uma temperatura média de 900 graus. Pedras com pinturas milenares e madeira de árvores nobres, disse Niéde, viraram pó, deixando um rastro de destruição.

Quando o decreto do presidente Figueiredo que transformou a região em área protegida estava prestes a completar uma década, o parque permanecia ainda no papel, sem que nenhuma ação efetiva tivesse sido feita. Seu mandato foi marcado por uma grave crise econômica, que desafiou o país por muito tempo após a volta da democracia.

Naquele mesmo ano, Niéde publicou seu artigo na *Nature*, defendendo a antiguidade dos sítios na região, e, em parceria com Anne-Marie Pessis e outros pesquisadores, criou a Fundação Museu do Homem Americano (Fumdham). A entidade sem fins lucrativos surgiu para garantir a preservação do patrimônio natural e cultural. Para tal, era necessário buscar alternativas para desenvolver a região, oferecendo opções de trabalho que não fossem predatórias, assim como garantir saúde e educação para aquelas pessoas que viviam em situação de extrema vulnerabilidade.

As "senhoras francesas", como alguns as tratavam, sabiam que, para alcançar seus objetivos e tirar o parque do papel, era necessário, além do esforço, dinheiro. Caso contrário, as páginas do projeto seriam apenas mais umas das muitas a amarelar e morrer na boca de traças.

Durante o período de limbo, toda vez que vinha ao Brasil para as expedições, Niéde avisava a comunidade do Zabelê que eles tinham que sair dali. Mas como entrava ano, saía ano, autoridade nenhuma aparecia, nada acontecia, ninguém levou aquilo a sério e o curso da vida seguiu como antes.

Somente em 1986, com a criação da entidade sem fins lucrativos, foi possível levantar recursos de fontes diversas – como os ministérios da Educação, da Cultura e do Meio Ambiente; o Banco Interamericano de Desenvolvimento (BID) e a Embratel. Com o dinheiro em mãos, começaram a tirar o projeto do papel – e as pessoas da área que passaria a fazer parte do parque, dona Nenê entre elas.

"Endoideceu todo mundo, ficou todo mundo revoltado", lembra a sertaneja, tirando a marmita do fogão e dividindo-a em duas porções.

À visita, ela oferece o prato, o garfo e a faca. Para ela, bastam o pote de plástico e uma colher. Sentamos em uma muretinha no chão batido. De saia, dona Nenê junta as pernas, coloca a comida no colo e, entre bocados de bode e macaxeira, prossegue.

"Tudo de bom tinha lá, terra pra plantar, o canto da seriema, tenho muita saudade do Zabelê. Eu prometo que não vou chorar, mas não adianta, toda vez que conto é assim", diz, passando o antebraço sobre os olhos.

A IDEIA DE INCOMPATIBILIDADE entre povos nativos e paisagens protegidas surgiu nos Estados Unidos, em 1872, com a criação do Yellowstone, primeiro parque do mundo. O modelo de unidade de conservação adotado pelos estadunidenses – seguido pelo Brasil e por muitos outros países – defende que áreas naturais sublimes devem permanecer intocadas. Em nome da preservação ambiental, removem-se as pessoas que habitam a área.

O modelo perdurou por mais de um século antes de ser questionado. Em nossos dias, especialistas consideram essa visão anacrônica e defendem que as populações tradicionais não são inimigas da natureza, pelo contrário, têm papel crucial em sua preservação. Em lugar de expulsá-las de suas terras, deveriam ser valorizadas e recompensadas pelo seu conhecimento e manejo, afinal, o vínculo dessas pessoas com a terra é intrínseco à própria existência.

A promulgação da Constituição de 1988 foi um marco para a proteção do meio ambiente, ao introduzir um capítulo dedicado exclusivamente ao tema, assim como reconhecer direitos dos indígenas[3] e dos quilombolas,[4] inclusive adquiridos como povos originários das terras que ocupam.

Por muito tempo, o nome clássico para as áreas protegidas e sem a presença humana foi "parque nacional". Aos poucos, ficou evidente que nem todas eram iguais e, por isso, outras denominações começaram a ser usadas para caracterizá-las. O momento-chave dessa mudança se deu em 2000, com a criação do Sistema Nacional de Unidades de Conservação da Natureza (SNUC). Foram instituídas uma categoria de unidade de conservação integral e outra de uso sustentável, cada qual

---

3. "São reconhecidos aos índios sua organização social, costumes, línguas, crenças e tradições, e os direitos originários sobre as terras que tradicionalmente ocupam, competindo à União demarcá-las, proteger e fazer respeitar todos os seus bens" (Brasil, 1988a, cap. VIII – Dos índios, art. 231).
4. "Aos remanescentes das comunidades dos quilombos que estejam ocupando suas terras é reconhecida a propriedade definitiva, devendo o Estado emitir-lhes os títulos respectivos" (Brasil, 1988b, Ato das Disposições Constitucionais Transitórias, art. 68).

subdividida em várias modalidades. A partir de então, as populações tradicionais residentes em unidades de conservação nas quais a permanência não seja permitida devem ser indenizadas ou compensadas, e as pessoas devem ser realocadas pelo poder público.

Existem mecanismos para minimizar o impacto previsto da aplicação da lei e conciliar conservação do meio ambiente e garantia dos direitos das comunidades que habitam as áreas protegidas. Mesmo em unidades de conservação integral – como é o caso dos parques nacionais –, pode-se desviar das áreas habitadas ou adotar um critério com regras mistas, feito o zoneamento de uma cidade, com bairros onde alguns prédios são proibidos, e outros, liberados.

Conscientização e intervenções pontuais podem ser necessárias para garantir a manutenção desse equilíbrio. Os xavante da Amazônia, por exemplo, gostam muito de caçar tamanduás, considerados uma iguaria. Como a reserva do animal é pequena, eles começaram a rarear, e os próprios indígenas, preocupados, pediram conselho aos pesquisadores.

Com o tempo, o entendimento do que seriam "comunidades tradicionais" passou a incluir todas aquelas que possuem formas próprias de organização social, ocupam e usam territórios e recursos naturais como condição para sua sobrevivência e transmitem seus saberes pela tradição.[5] Esses grupos de pessoas incluem indígenas, quilombolas, seringueiros, ribeirinhos, caiçaras, ciganos e sertanejos.

Se o Parque Nacional Serra da Capivara tivesse sido criado sob essas premissas, provavelmente o povo do Zabelê ainda estivesse vivendo em um pedaço dos cerca de 130 mil hectares da área. Mas em 1986 o caldo ainda era outro.

"NO DIA QUE A DOUTORA PASSOU mostrando o papel dizendo que a gente tinha que sair, foi aquela luta danada. Vou até te contar com rima", avisa dona Nenê, habituada a improvisar versos nas festas de reisado. Antes de começar, larga o talher dentro do pote e, mãos livres para acompanhar a voz com gestos, capricha, cantando um trecho bastante duro para a arqueóloga, atribuindo-lhe uma responsabilidade que seria do poder público.

---

5. Decreto nº 6.040, de 7 de fevereiro de 2007, *Diário Oficial da União*, seção 1, 8 fev. 2007, p. 316.

O processo de regulamentação fundiária do parque começou com o cadastro dos moradores, mas a grande maioria, embora morasse na região havia gerações, não tinha a posse legal do terreno. "O apalavrado pra nós vale um escrito", explicou um dos sertanejos, para quem transações entre compadres costumam se dar conforme a lei da confiança.

Sem documentação, aquelas pessoas foram consideradas posseiras. A pedido de Niéde, o Instituto Brasileiro de Desenvolvimento Florestal (IBDF) solicitou ao Instituto de Pesquisa Histórica e Arqueológica do Rio de Janeiro (Ipharj) uma avaliação dos bens de cada família para o cálculo de indenizações – incluindo as benfeitorias que haviam feito na terra, como me explica dona Nenê, apresentando seu inventário. "A gente já estava bem-ajeitado, tinha casa, roça, uns jumentinhos, outros enricado mais, tinha bastante árvore e até gado."

A Fumdham continuava a estudar maneiras de desenvolver economicamente a região. Niéde argumentava: "Não adianta levar as pessoas embora nem ajudar, só um pouco", é preciso criar trabalho.[6] Mas essas iniciativas levariam ainda alguns

---

6. Isabele Carvalho e José Carlos Oliveira, "Niède Guidon: arqueologia com preocupação social", *Agência Câmara de Notícias*, 29 jun. 2007.

anos para serem desenhadas e implementadas, e, enquanto isso, os sertanejos só viam as perdas. De acordo com a opinião de especialistas ouvidos, Niéde estava mais concentrada em salvar tatus, cactos, caquinhos e "rabiscos pré-históricos" do que em proteger as pessoas. Como se tivesse instituído uma hierarquia entre o passado remoto, exaltado, e o recente, vilipendiado.

Certa feita, enquanto andava pela mata, Niéde deu de cara com um senhor que vivia no fundo da caatinga. O homem tinha acabado de matar uma jiboia. Ao alertá-lo de que a caça não era mais permitida naquela área, ouviu como resposta: "'E por que o governo se importa tanto com uma cobra e deixa os meus filhos morrerem de fome?'"[7]

Sentindo-se traídas, algumas pessoas passaram a virar as costas para a arqueóloga e a maltratá-la, xingando-a de "égua" e avisando que só sairiam dali mortas. Uma turma tentou fazer um abaixo-assinado, mas a iniciativa não vingou, não se sabe se porque muitos eram analfabetos ou se não houve mesmo vontade de seguir adiante. A mulher de um mateiro conhecido como Cabeceira – por ter o rosto

---

7. *Ibidem.*

miúdo num corpo comprido – passou a insinuar que o marido tinha morrido por culpa da arqueóloga. O homem, dizem, bebia muito, e, numa das escavações, escorregou, caiu num buraco e quebrou as pernas. Niéde o levou a Teresina para que tivesse tratamento de qualidade. Depois de anos, Cabeceira começou a apresentar outros problemas de saúde – não se sabe se relacionados à queda, mas é a versão que foi espalhada.

O PROCESSO DE REGULAMENTAÇÃO fundiária durou dois anos. Em posse do cadastro dos moradores, Niéde, responsável por elaborar o plano de manejo do parque, encaminhou-os à autarquia federal encarregada de dar seguimento ao trâmite das negociações e indenizações. Esse processo se deu em etapas e se arrastou por anos.

Os moradores do Zabelê, sem saber "quem era o tal do Ibama", correram até Niéde para cobrar celeridade. Ela explicou como deveriam procurar o Ibama. Amarantino, que era a pessoa à frente do instituto na ocasião, mandou-os de volta a Niéde. Ela voltou a explicar que era com Amarantino, que se eximiu e jogou a bola de volta para a arqueóloga. Foi um vai e vem sem fim.

"O Ibama enrolou e foi enrolando o povo", explicou um antigo morador do Zabelê, "até que saiu o pagamento das indenizações, em três etapas. Quando saiu esse pagamento, o povo já estava tudo desanimado, o povo já estava tudo cansado de esperar."[8]

Foi um quiproquó. Espertinhos que nunca haviam morado no Zabelê forjaram documentos de posse de terra, teve quem foi indenizado mais de uma vez, teve quem, mesmo tendo direito, não recebeu um tostão, e diferentes famílias pleiteando direitos sobre o mesmo pedaço de chão.

Depoimentos apontam que Niéde se empenhou em defender os sertanejos, ajudá-los a chegar a um consenso, elevar o valor de suas terras e, assim, protegê-los das falcatruas de um advogado de Teresina. Ao saber que o salafrário tinha embolsado a verba liberada, fez com que devolvesse tostão por tostão àqueles de direito.

---

8. Maria Sueli Rodrigues de Sousa, "Deslocamento forçado de posseiros e pequenos proprietários do Parque Nacional da Serra da Capivara – estratégia de proteção ambiental ou violação de direitos humanos?", *Revista do Mestrado em Direito*, jul.–dez. 2011, pp. 410–429.

Não importa. Por ser a chefe da missão franco-brasileira, presidente da Fumdham e mentora do parque, o povo do Zabelê a culpava por tudo, associando-a ao Diabo. E o Diabo, como se sabe, é cruel e ponto, sem brecha para nuances, como nos filmes hollywoodianos que Niéde abomina: "Os personagens são bonzinhos ou malvados. Mas ninguém é uma coisa só, não é mesmo?", observou a arqueóloga.

No enredo tecido por dona Nenê e os seus, coube à arqueóloga o papel de vilã, e das clássicas.

"Quando a doutora chegou, ia na nossa casa, comia caças de tatu e caititu sentada no chão, depois, cada vez voltava mais diferente, só andava em cima do jumento, os outros puxando ela, bem da folgada", diz a sertaneja, enquanto caça mais um pedaço de bode no pote.

Nem os inimigos mais empedernidos de Niéde endossam a cena. Todos são unânimes em dizer que ela se embrenhava na mata a pé, sob sol e chuva, sem regalias. Mas a memória é matéria matreira, pode ser moldada e distorcida por rusgas e mágoas.

"A doutora chegou e falou bem assim: Vocês vão ter que sair, por bem ou por mal, nem se for debaixo de bala."

Ao ser questionada se havia presenciado o fato, dona Nenê recua, e depois emenda: "Ver, assim, eu mesma, eu não vi, mas tem uns que falam..."

A EQUIPE DA FUMDHAM, segundo Marcia Chame, diretora científica da instituição, encontrou uma área próxima à Serra Branca – onde antes havia a exploração de maniçoba – para assentar todas as famílias que viviam dentro do parque. A ideia é que, além de mantê-los juntos e próximos à região de origem, o local tivesse posto de saúde e escola. Porém, com o processo de cadastramento e desapropriação em curso, uma manobra política destinou aquela área para o plantio de caju, sem oferecer uma alternativa em troca.

O tempo correu e nada de as autoridades providenciarem um destino para o povo do Zabelê. Logo a comunidade iria se separar, quiçá para sempre. O mundo além dos limites daquelas montanhas era praticamente desconhecido para eles.

Antes da partida da primeira família, fizeram uma festa de despedida. Não qualquer festa, mas a mais caprichada de todas, com tudo a que tinham direito. Candeeiros e velas acesas tremeluziam em meio às montanhas. A boleia de um dos caminhões de mudança serviu de palco. Os mais velhos – "quase todos

Deus já levou", conta dona Nenê – subiram ali para discursar, uns mais emotivos, outros com palavras de ânimo, como seu Isaías, sogro de Carmelita de Castro Silva, hoje prefeita de São Raimundo Nonato. A plateia ria, chorava, aplaudia, tornava a rir.

As mulheres se enfeitaram com colares vermelhos, feitos de flores de caroá, tranças e panos coloridos na cabeça. Dona Nenê, à frente, dançava e cantava, seguida pelas colegas. Até Zilda Silva, sempre muito tímida, juntou-se a elas.

Neste ponto da narrativa, os pés de dona Nenê começam a balançar e, de repente, como que tomada pelo eco das vozes da festa, tira os chinelos, larga o pote de comida no chão, levanta-se com as mãos na cintura e, requebrando o quadril de um lado para o outro, põe-se a girar. "Foi o dia mais feliz e mais triste de toda a minha vida", diz, sentada novamente, antes de pegar de volta o pote de comida e o fio da meada.

Zilda partiu na primeira leva. Espremeu a história de uma vida numa pequena mala e em algumas sacolas. Quando o caminhão sumiu na estrada, a sertaneja e toda a comunidade caíram na real. As montanhas, o roçado, os pés de caju e de maracujá apinhados de frutos, e os de maçã, de laranja e de mexerica prestes a brotar: tudo ficaria para trás. E também seus bisavós, avós, pais, irmãos, filhos e amigos enterrados ali, ossos velhos, sem o status dos fósseis exibidos em museus.

A indenização saiu em parcelas, e o valor recebido determinou o destino de cada um. Teve quem conseguiu comprar casa em uma cidadezinha distante. Teve quem mudou de estado. Teve quem conseguiu um pedaço de terra, mas não teve dinheiro para levantar a morada. Teve quem mal conseguiu pagar o caminhão para despachar a mudança. Teve quem não recebeu orientação e torrou tudo antes da hora – ainda mais que ninguém tinha conta em banco. Teve quem foi embora sem saber para onde. Teve quem se negou a ir embora, agarrando-se ao solo até o último instante.

"Ficou cada um caçando um lugar pra morar. Eu mais meu marido e meus filhos fomos pra periferia de São Raimundo Nonato, tudo largado", diz dona Nenê, prato vazio no colo, pernas esticadas e costas na parede.

Sem roça própria, o jeito foi alugar um pedaço de terra de outra pessoa para plantar, dividindo com o proprietário o que ganhavam com os produtos do solo. As frutas antes ao alcance das mãos no Zabelê, só nas prateleiras das quitandas, e pagando.

Dona Nenê diz ter escapado da fome aproveitando a cabeça de boi que costuma ser descartada. "Sabia que a bochecha do animal tem muita carne? Meu marido limpava, eu cozinhava a carne e fritava a gordura."

Enquanto isso, representantes do povo do Zabelê cobravam das autoridades o que lhes era de direito: uma terra de onde pudessem tirar seu sustento, construir suas casas e serem vizinhos novamente.

NIÉDE, QUE NAQUELE momento enfrentava as críticas da comunidade científica sobre sua teoria de povoamento da América e implementava o plano de manejo do parque, tentava ajudá-los negociando com deputados, prefeitos e governadores para que solucionassem a questão.

Essa situação se arrastou por dez anos. Somente em 1996, depois de rodar por "estes cantos do mundo", o Instituto Nacional de Colonização e Reforma Agrária (Incra) ofereceu novas terras para aquelas famílias. Àquela altura, diz dona Nenê, "estava tudo esbandalhado por todo o canto", fora os que já tinham morrido. Uma parcela das pessoas morando em outros estados encontrava-se adaptada à vida nova e não quis voltar, a outra retornou para se cadastrar.

No reencontro não teve festa, andavam cansados, almas esturricadas.

O assentamento, batizado de Novo Zabelê, carece da força das montanhas e do Arco do Triunfo da Pedra Furada. Em nada lembra o antigo território. Como disse uma moradora, todas as manhãs, quando abre a janela, ela se depara com uma paisagem que lhe é estranha. Imagino que seja quase como se tivessem tirado o mar de quem cresceu com o pé na areia.

"Mas a doutora fez uma bondade", pondera pela primeira vez dona Nenê. "Anotou o nome dos mortos, fez um túmulo para cada um, com uma plaquinha com o nome e as datas."

Dia de Finados é o momento de voltar ao antigo solo, visitar o túmulo e acender velas para os familiares. O esquisito, queixa-se dona Nenê, é só poder entrar no parque com autorização do ICMBio e acompanhamento de um guia, como se fossem intrusos, vigiados dentro da própria casa.

Depois de lavar os potes de comida, sentamos sob a sombra de uma árvore frondosa. É ali que dona Nenê costuma reunir estudantes do Colégio Santa Cruz, de São Paulo, que visitam a região todos os anos, para contar a eles suas sagas e cantar suas modinhas. Seu Nôca, antigo maniçobeiro e um dos líderes do Zabelê, também é figura sempre presente. Logo que saiu da Serra da Capivara, o sertanejo recebeu convite para trabalhar com Niéde, ocupando postos diversos, como jardineiro, vigia, guia, razão pela qual, embora tenha passado pelas mesmas agruras de dona Nenê, parece mais apaziguado com a dor.

É NÍTIDA A DIFERENÇA de como a arqueóloga é vista pelos que foram imediatamente favorecidos com a criação do parque daqueles para quem esse saldo só ficou evidente ao verem seus netos formados, que puderam permanecer na região sem precisar fugir da seca, como era a sina de muitos, e hoje ocupam postos em universidades, museus e outras atividades ligadas ao turismo, graças ao empenho de Niéde.

O arqueólogo Iderlan de Souza saiu ainda miúdo da Serra da Capivara e cresceu ouvindo seu povo culpar Niéde pelos dissabores da vida. Por isso, foi acusado de fazer pacto com o Diabo quando aceitou trabalhar na Fumdham. Viveu um tempo em conflito se perguntando se de fato era um traidor e sendo visto pelos dois lados com desconfiança. Aos poucos, foi percebendo outras camadas da arqueóloga. Ao notar as dificuldades do rapaz, Niéde se ofereceu para ajudá-lo a escrever melhor, incentivou que entrasse na faculdade e passou a dispensá-lo mais cedo para que não perdesse as aulas.

Um rapaz, filho de uma funcionária encarregada da limpeza do Centro Cultural, encasquetou que queria fazer medicina. Niéde mobilizou mundos e fundos para que ele conseguisse uma bolsa de estudos na universidade particular em que tinha sido aprovado. Quando soube que a filha de outra queria escrever um livro de contos, a arqueóloga deu todo o suporte para que a obra fosse lançada, colocando em xeque a versão de Niéde vilã.

Primeiro colocado numa seleção de mestrado no curso de arqueologia pré-histórica e arte rupestre na Universidade Trás-os-Montes e Alto Douro (Utad), em Portugal, Iderlan está erguendo um museu interativo para garantir que a história do Zabelê não se esvaia com o tempo, e quer contá-la contemplando as contradições. De um lado, pretende deixar explícito que os seus nunca tiveram intenção de destruir o patrimônio do parque, de outro, quer reconhecer o papel de Niéde nas melhorias da região.

"Niéde não achou tudo prontinho, não. Imagine chegar aqui numa época comandada por coronéis, ser ameaçada de morte, desbravar a caatinga. Essa mulher é uma guerreira", disse Iderlan, ao me mostrar a casa em reforma no povoado onde funcionará o Museu Zabelê (Muzab).

Ao saber da ideia do antigo colaborador, Niéde, ainda à frente da Fumdham, ofereceu uma verba para o museu, mas a ajuda foi rechaçada pelos mais velhos. Não queriam a arqueóloga, mais uma vez, metendo-se onde não tinha sido chamada. Mas Iderlan não se deu por vencido e buscou outros caminhos para captar recursos. Com o dinheiro de um prêmio do Iphan e a ajuda do Projeto Veredas,[9] criado pelos alunos do Colégio Santa Cruz, está prestes a inaugurar o espaço.

O Instituto Olho D'Água é outra iniciativa que visa preservar a memória de povos tradicionais que viviam na área onde hoje é o parque.[10] Uma de suas mentoras é a arqueóloga Marian Rodrigues, hoje chefe do Parque Serra da Capivara.

Aos poucos, os mais velhos têm amenizado o sofrimento e avaliado a doutora com mais nuances – dona Nenê, inclusive. Seja pelo restaurante, que recebe as excursões dos alunos de São Paulo, intermediadas

---

9. *Projeto Veredas*, disponível em: <www.projetoveredas.org>.
10. *Instituto Olho D'Água*, disponível em: <www.instagram.com/institutoolhodagua/>.

pela Fumdham, e representa o grosso de sua freguesia, seja pelas apresentações que foi convidada a fazer na Pedra Furada.

"A doutora chamou, inventei até algumas modinhas.[11] Cantei, dancei e li a mão dela. Se você visse, aquela plateia toda me aplaudindo, agradeci", lembra a mulher, curvando o corpo até o chão, como se o público estivesse ali reagindo fervorosamente à sua aparição. E então, de volta à cadeira, continua: "Aí a doutora enfiou a mão no bolso da calça e me deu uma nota alta. Depois, colocou a mão no outro bolso e tirou mais uma, e outra."

Neste momento, aparece uma das colegas de dona Nenê com um molho de chaves do restaurante. A mulher conta que já tinha sido funcionária de Niéde, ora cuidando da roupa, ora dos cães, e que a doutora "pagava melhor que toda a gente, dava o dinheiro antes mesmo do serviço pronto". Ao ouvir, dona Nenê me pergunta, baixinho: "Será que a doutora não dava mais um dinheiro para a gente melhorar o restaurante?"

---

11. "Está escrito na sua mão/tens tudo para brilhar/ na próxima eleição/ Pode se candidatar/ Agora vou me despedir/ é hora de parar/ Mas antes de eu ir embora/ Você tem que me pagar."

Enfim pude conhecer o espaço por dentro e recebi a chave do banheiro – com o aviso de que provavelmente eu teria companhia. Só entendi o recado quando abri a tampa da latrina e me deparei com um sapo enorme me encarando. Deixei o bicho se refestelar naquele amontoado de água e saí ligeira.

VILÃ NO ZABELÊ, Niéde é um xodozinho em Mocó. A aldeia tem duas igrejas, a católica numa ponta, a evangélica na outra. Avenida é uma só, a Nestor Paes Landim – homenagem ao senhor mais idoso do pedaço –, por onde os moradores sobem e descem de moto ou a pé, seguidos por bandos e bandos de borboletinhas amarelas.

Paula Alves é dona do Restaurante e Pousada Trilha da Capivara. Na entrada, uma onça inanimada; no pátio, sapos animadíssimos. Para otimizar o espaço e aumentar o lucro, a empresária, na casa dos 50 anos, mechas loiras no cabelo, fez caber na recepção um mercadinho. Há suvenires com desenhos rupestres para os turistas e mantimentos para a população local, que vai até lá para comprar algo e acaba emendando um dedo de prosa.

Entre anotar os pedidos e servir as mesas no refeitório, Paula conta, com sua voz mansa, a história da cidadela, tão entranhada na sua.

O Sítio do Mocó ganhou esse nome por conta de um roedor que se encontra aos montes na caatinga, correndo nas arestas das montanhas. A localização dessa minúscula cidade é privilegiada. Fica ao pé do parque, mas não dentro dele, por isso, as cerca de 120 famílias da região não tiveram que arredar pé de sua casa. A única mudança para o povo do Sítio foi ter que encontrar outro lugar para os roçados, antes mantidos dentro da área do parque. A negociação se resolveu rapidamente e na paz.

Paula cresceu entre o machado para plantação e o sabão para lavar roupa nos caldeirões naturais do Baixão das Mulheres, área localizada a quilômetros de sua casa e batizada assim por ser um dos únicos locais em que se encontrava água, a mesma que as sertanejas aproveitavam para cozinhar, beber e se banhar na companhia dos animais. Um dia, ao receber estudantes do Colégio Santa Cruz, de São Paulo, a proprietária da pousada tomou um susto quando uma adolescente contou que a quantidade de água que desperdiçava escovando os dentes era maior do que a de que ela dispunha na infância para sobreviver durante dias.

A mágica de girar a torneira e fazer jorrar água límpida só ocorreu depois que Niéde deu visibilidade para o povoado e se empenhou para que instalassem cisternas, um dos motivos pelos quais diminuíram consideravelmente os enterros de crianças. "Até a doutora chegar, ninguém nem sabia que a gente existia", diz Paula. Raro encontrar alguém ali que não tenha perdido um irmão ou filho por conta da água, caso de Elenita da Silva, que perdeu dois dos onze rebentos. "Os bichinhos morriam e ninguém nem sabia de quê."

Viúva, Elenita mora só e passa boa parte do dia sentada à frente de sua casa, com uma sombrinha aberta em uma das mãos e um paninho para se abanar na outra, na tentativa inglória de espantar a quentura. "A gente até acostuma com o calor, mas é bom não", queixa-se, costas curvadas. "É bom não", repete seu vizinho, também viúvo, José Paes Landim, o Zé Góes, que, de quando em quando, estica o pescoço para dar um pitaco na conversa.

O marido de Elenita, nos seus termos, era "doente da cabeça", tentava encurtar o espaço entre a vida real e a imaginada medindo terrenos com passos largos e comemorando os cálculos, como se o proprietário de tudo aquilo fosse ele – logo ele, dono de coisa alguma. Sozinha para comandar a casa, Elenita sobreviveu como pôde. Na falta de comida para alimentar a prole, teve que enfiar o orgulho goela abaixo e pedir ajuda para os compadres.

Seu marido era um dos poucos homens a habitar Mocó, os outros partiam para o corte de cana ou para outras atividades no Sudeste, com a promessa de voltar quando tudo se assentasse – mas nada se assentava e o tal dia de seu retorno nunca chegava. "Até aparecer a doutora naquele jipão, meter o sarrafo e mudar nossa vida", diz a sertaneja, que tem praticamente a mesma idade de Niéde, mas a considera uma mãe. "Nós viemos consertar a vida com este parque. Antes era tudo atrasadinho. Ave Maria, a doutora melhorou muito aqui", arremata.

COM O AUXÍLIO DO BID, cujo presidente à época, Enrique Iglesias, era amigo da arqueóloga, e dos governos da França e da Itália, foram feitos estudos para definir maneiras de desenvolver a região. Os técnicos concluíram que o turismo era a melhor alternativa, tanto por ser economicamente rentável como por ajudar a preservar a riqueza cultural e natural da Serra da Capivara.

Para construir um polo turístico, era primordial investir primeiro em formação de pessoal e educação como forma de contornar as deficiências educacionais do Piauí. Nos primeiros anos, o foco primordial foi a pesquisa arqueológica e a formação básica, quase inexistentes na região.

Bancada pela Terra Nuova, uma ONG italiana, Niéde implementou cinco Núcleos de Apoio às Comunidades (NACs), formados por postos de saúde e centros de educação, onde eram oferecidas, também, atividades extracurriculares em artes e meio ambiente. Os núcleos receberam mais de mil crianças ao longo dos anos.[12] Como diz Elenita, a arqueóloga era capaz de "revirar o mundo inteiro até achar o dinheiro pra suas ideias".

Os moradores do Sítio do Mocó estiveram entre os mais beneficiados com estes projetos, até porque, àquela altura, o povo do Zabelê já estava longe e desapartado. É raro encontrar alguém do Sítio que não trabalhe numa das atividades patrocinadas pela Fumdham.

As primeiras escolas foram inauguradas em 1991 no município de Coronel José Dias, onde se encontram o Sítio do Mocó e Barreirinho. A de Barreirinho

---

12. Cristiane de Andrade Buco, "O caso da Serra da Capivara, vinte anos de socialização do conhecimento através da arte--educação", *Revista Alter Ibi*, 2014.

contou com uma mãozinha do mateiro Nivaldo e de sua companheira, que doaram três alqueires de terra para o projeto. No dia da inauguração, Niéde fez um discurso e deixou para o final a homenagem-surpresa ao casal festeiro. Chamou os dois para retirarem o tecido que cobria a placa: "Escola Nivaldo e Carmelita."

Profissionais da USP, da Universidade Estadual Paulista (Unesp) e de outras instituições nacionais e estrangeiras encarregaram-se de elaborar o material didático e capacitar o corpo docente. Inclusive, introduzindo conceitos de Jean Piaget, suíço que chacoalhou a maneira de encarar a educação de crianças ao mostrar que elas pensam de uma maneira singular, não necessariamente como os adultos, e constroem o próprio aprendizado.

Mas o sertão impõe desafios não contemplados pela cartilha europeia. O colégio, de período integral, garantia aos alunos três refeições diárias, lanches e um banho de chuveiro, algo nababesco para quem foi criado na escassez. Na primeira semana de aula, a cisterna de 200 litros secou e aqueles meninos e meninas mirrados deram cabo de toda a comida.

Acionada para resolver o impasse, Niéde sugeriu estipular cinco minutos para cada chuveirada. Quanto às refeições, concordou que seria complicado proibir as crianças de repetir o prato três vezes. Talvez o melhor fosse deixá-las comer à vontade, apostando que o tempo e a fartura fossem capazes de amainar o desespero ancestral de sentir fome sem ter o que comer.

Em suas visitas às escolas, Niéde aproveitava para incutir consciência ecológica na turma, repetindo, à exaustão, a importância de preservar o patrimônio arqueológico e natural da Serra da Capivara, ímã para atrair turistas e gerar empregos dos quais eles se beneficiariam, fugindo, assim, da sina itinerante de seus pais e avós. Os alunos internalizaram o ensinamento, mas mudar o modo de pensar dos adultos de outrora eram outros quinhentos.

Sempre que aparecia algum animal morto no parque, Niéde trocava a cartilha piagetiana por métodos mais prosaicos, como ameaçar demitir todo mundo e fechar a escola, caso o responsável não se apresentasse.

A franco-brasileira fez questão de que os estudantes sertanejos tivessem na ponta da língua o hino da França. Quando aparecia alguém daquele país para visitá-los, o que era frequente, as professoras os colocavam perfilados, com mão no peito, cantando "La Marseillaise". Mario Afonso, o Marinho, hoje guia do parque, esqueceu o significado das palavras, mas lembra de cor a letra, cantarolada à mesa da pousada: *"Allons enfants de la Patrie,/ Le jour de Gloire est arrivé."*[13]

Maura Paes Landim teve sete filhos, e Marinho é um dos quatro que sobreviveram. Ainda criança, Maura foi entregue à sua madrinha. Tivesse permanecido em casa, provavelmente não teria tido a chance de estudar, mesmo que apenas até a quarta série, o que lhe garantiu um posto como professora na escola.

Paula se agarrou à chance oferecida pela Fumdham, como funcionária e aluna do colégio. De dia, preparava a merenda das crianças; à noite, enfiava a cara nos livros e nas aulas do curso noturno oferecido a jovens e adultos.

Elenita também não ficou de fora, foi contratada para limpar e cozinhar. Sua convivência com a doutora foi tão intensa, que as duas se tratavam com liberdade, fazendo troça. Um dia, a funcionária se recusou a servir manga para a presidente da fundação,

---

13. "Avante, filhos da Pátria,/ O dia da Glória chegou."

dizendo que ela já tinha comido demais e poderia passar mal. "Eita, Elenita, você é marrenta", resmungou Niéde. No dia seguinte, ao encontrá-la na rua, a arqueóloga deu o troco: "Dona Elenita, que susto, tá viva? Achei que já tivesse morrido." Elenita se diverte com a recordação: "Era só no dizer, a gente se dava."

Quando os achados da Serra da Capivara ganharam repercussão, muitos repórteres desembarcaram no Mocó em busca de pessoas ligadas ao projeto da Fumdham. "De tanto aparecer na televisão, fiquei até famosa", diz Elenita.

O SANITARISTA ADAUTO ARAÚJO e Marcia Chame, diretora científica da Fumdham, criaram um programa de saúde preventiva. Aproveitaram a estrutura das escolas para instalar postos de saúde, projeto que contou mais uma vez com a parceria da Fiocruz, responsável por treinar agentes e enfermeiros para atender não apenas as crianças, mas toda a comunidade do povoado e da redondeza.

Os profissionais da instituição carioca levavam de carro os frascos das vacinas armazenados em refrigeradores portáteis. Era comum os automóveis atolarem nas estradas precárias. Eles também ofereciam cursos para parteiras e visitavam as famílias em casa. Essas medidas, somadas à água potável, diminuíram drasticamente a morte de crianças, salvo raras exceções, como o bebê que faleceu por conta de um problema congênito no coração, justamente num 31 de agosto, dia dos festejos de São Raimundo Nonato, padroeiro e protetor das parteiras e obstetras.

O parto complicado foi realizado na Clínica Doutor Isaías, colada à antiga sede da Fumdham, na praça do Relógio. "Rosa, precisa levar os pais e o neném ao Sítio do Mocó", determinou Niéde à amiga uruguaia, jogando a chave do carro e o problema em suas mãos. Rosa havia chegado no dia anterior. A viagem de avião a Petrolina tinha sido tranquila, mas o trajeto terrestre do aeroporto até a cidade foi um desastre.

O motorista por pouco não atropelou um animal que cruzava a estrada. Para completar, ele cochilou e quase capotou o carro. A uruguaia o enxotou do volante e assumiu o controle do automóvel. Agora lá estava ela novamente, numa estrada esburacada e mal sinalizada, conduzindo até Mocó um jovem casal cabisbaixo, carregando o filho morto em uma caixa de sapatos.

Até então, só havia comunicação entre Mocó e outros lugares por carta, sendo o correio mais próximo o de São Raimundo Nonato. Para quem se locomovia no lombo de jumento ou a pé, a frase "Em caso de emergência disque 192" era pura ficção científica.

Nesse momento da narrativa, Zé Góes, o vizinho de Elenita, estica o pescoço, como quem pede permissão para participar. Quando tinha oito anos, diz, levou uma picada de cascavel e desmaiou. Um parente montou no jumento e foi atrás de soro contra o veneno, mas, por causa da distância e do ritmo do animal, só voltou no dia seguinte. Zé sobreviveu para contar a história e lembrar que por pouco não perdeu a perna, quiçá a vida.

A necessidade de um meio de comunicação mais eficiente ficou premente com a chegada dos professores e dos agentes de saúde. Eles passavam a semana no vilarejo sem qualquer notícia dos cônjuges e dos filhos, que viviam em outras cidades. Niéde resolveu a questão instalando um posto telefônico, e Paula ganhou a vaga de telefonista.

PARA QUE OS SERTANEJOS abandonassem a exploração de cal e a caça, era imprescindível oferecer outras frentes de trabalho, atividades que não fossem danosas para a fauna e a flora da região. Os cursos, bancados pelo BID, nasceram com esse objetivo.

Uma das apostas da Fumdham foi o cultivo de cactos. Em Paris, disse a arqueóloga, o preço aproximado desta planta chegava 70 euros, *oh là là*! Mas a ideia não vingou. Segundo Niéde, isso ocorreu porque não teve apoio dos políticos da região, que tomam decisões imediatistas para ganhar votos. Estão pouco se lixando, mesmo se, a longo prazo, suas ações acabarem por perpetuar a pobreza de seus eleitores. Em vez de cactos, preferiram priorizar o plantio de alimentos a qualquer custo, o que tende a degradar a terra quando há mau uso.

Metade da caatinga já foi desmatada no país. Em 13% de sua área há processo de desertificação em curso, o que, junto com a perda de biodiversidade, causa impactos negativos sobre a saúde e a economia regionais. Marcia, a diretora científica da Fumdham, costuma dizer que antes os cientistas buscavam espécies do passado, "hoje o foco do trabalho é relacionar a complexidade de dados para montar cenários para o futuro".

O naufrágio do projeto com os cactos não tirou o sono da arqueóloga, cujas ideias pululavam. Se nossos ancestrais da Serra da Capivara já dominavam a cerâmica há cerca de 9.800 anos, por que os sertanejos não se desenvolviam nessa arte milenar? Niéde buscou um professor no Japão e outro na Itália, para deixá-los craques no ofício. Especialistas catalogaram mais de quarenta tipos de argila da região até chegar à mistura ideal. O forno para as peças, com desenhos inspirados nas pinturas do paredão, foi instalado na Escola Nivaldo e Carmelita, de Barreirinho. O próprio mateiro Nivaldo foi um dos primeiros alunos da turma.

Paula teria um papel na fábrica de cerâmica, porém mais tarde, ajudando na comercialização das peças. No início, seu foco eram os cursos de corte e costura, hortaliça e apicultura. O projeto de apicultura atraiu quinhentas famílias da região e até hoje é uma atividade econômica relevante para o Piauí, um dos três estados que mais produzem mel no país.

Quando chove na caatinga, as flores do marmeleiro são das primeiras a brotar, alvas e róseas, sinal de que a colheita de mel será farta. Alguns moradores da região já haviam se aventurado no ramo. Se tivesse uma colmeia no alto de uma árvore, eles punham a árvore abaixo e ateavam fogo nas abelhas, para deixá-las tontas e atacarem menos. Uma vez que o

© André Pessoa/Agência Raízes do Piauí

Em 1963, Niéde Guidon, então jovem pesquisadora recém-chegada da França, ouviu pela primeira vez sobre as pinturas feitas em paredões, no Piauí. Curiosa, saiu de São Paulo com amigos arqueólogos dispostos a percorrer, em um fusca, mais de 2 mil quilômetros. Porém, uma ponte caída os obrigou a voltar. Com a ditadura civil-militar iniciada em 1964, deixou o Brasil e retornou apenas seis anos depois, quando, finalmente, conheceu o lugar ao qual dedicaria toda a vida, a Serra da Capivara.

A Pedra Furada abriga um dos cerca de de 400 sítios arqueológicos do Parque Nacional Serra da Capivara tombados pelo Instituto do Patrimônio Histórico e Artístico Nacional (Iphan). Com aproximadamente 130 mil hectares, o parque está entre os maiores das Américas. Graças ao empenho de Niéde Guidon, em 1991, foi declarado patrimônio mundial, título que ajudou a atrair mais investimentos para pesquisas e turismo na região.

© Marcos Issa/Argosfoto

Diferentemente de sítios europeus – como Lascaux, na França, e Altamira, na Espanha –, onde os desenhos são encontrados em cavernas escuras, no Piauí, eles foram registrados em paredões, a céu aberto, e em entradas de grutas iluminadas pelo sol.

© Rita Barreto/Fotoarena

Embora tenha sido efetivada como parque nacional em 1979, a Serra da Capivara só foi aberta ao público em 1992, quando se permitiu a visitantes fruir da arte rupestre com segurança, no ambiente em que foram produzidas, e não deslocadas, em exposições de museu ou centro cultural. Para isso, Niéde Guidon fez questão de que escadas e passarelas integradas ao ambiente fossem instaladas.

© Adri Felden/Argosfoto

© Marcos Issa/Argosfoto

Linguagem entre o desenho e a escrita, as pinturas rupestres oferecem informações sobre cultura material e imaterial das comunidades que as produziram. Os estudiosos recomendam cautela na interpretação, mas os registros certamente provocam reconhecimento entre seres humanos separados por milhares de anos. Na Serra da Capivara, os registros são feitos com pó de rocha amarelo e branco, com destaque para o ocre. Provavelmente o dedo, um galho ou até mesmo pelos de animais serviram de pincel.

Em 1986, a equipe interdisciplinar franco-brasileira que Niéde Guidon liderava reuniu indícios de que humanos habitavam as Américas havia pelo menos 32 mil anos. Sua teoria colocava em questão o consenso, até então vigente, de que apenas 13 mil anos atrás um grupo de *Homo sapiens* entrou no continente americano. Embora tenha sido corajosa em apresentar e discutir sua tese com arqueólogos de todo o mundo, ela ainda hoje é questionada por grande parte da comunidade científica.

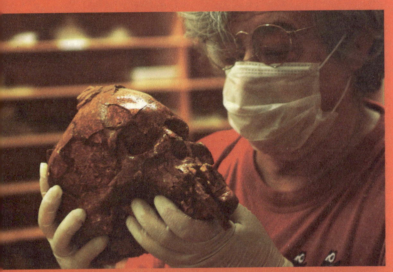

© André Pessoa/Agência Raízes do Piauí

© Rita Barreto/Fotoarena

A Fundação Museu do Homem Americano (Fumdham) foi criada por Niéde Guidon para preservar o patrimônio cultural e natural do Parque Nacional Serra da Capivara. Reúne uma estrutura impressionante, com dois museus, laboratórios de pesquisa, escritórios administrativos, centro de documentação, biblioteca, auditório, anfiteatro e reservas técnicas de pesquisa.

Na foto anterior, em exposição no Museu do Homem Americano, a urna funerária feita de cerâmica é o vestígio de um rito típico da comunidade pré-histórica daquela região.

© Paulo Vitale/Abril Comunicações S.A.

Somando linhas modernas à paisagem natural do parque, o Museu da Natureza oferece um passeio pela criação do universo e os impactos climáticos nas transformações da fauna e da flora. A réplica do esqueleto de uma preguiça--gigante, na foto acima, faz parte de seu acervo.

© André Pessoa/Agência Raízes do Piauí

Nascida em 1933, Niéde Guidon dedicou grande parte de sua vida à preservação do Parque Nacional Serra da Capivara, articulando forças com personalidades e instituições nacionais e estrangeiras. Com sua atuação, foi possível inaugurar, numa região longe dos centros de poder econômico e político, um campus universitário e um aeroporto – um dos mais bonitos do Nordeste –, entre outros grandes avanços de infraestrutura. Numa entrevista no programa *Roda Viva*, em 2014, um jornalista perguntou se o parque era dependente de Niéde Guidon. "Não", respondeu ela. "Mas quem está disposto a esta briga cotidiana?"

fogo atingia a rainha, a colmeia era exterminada, ou seja, "cortavam a mão para levar o anel".[14]

Niéde contratou técnicos para ensiná-los a cultivar de maneira mais racional, distribuiu alveários e construiu uma casa para filtrar e embalar o mel. Paula logo aprendeu a diferenciar a abelha-rainha, mais exuberante, do zangão. Após a cópula, ele morre ou é abandonado pela colônia de abelhas, por não ter mais utilidade.

O maior desafio é misturar duas colmeias. O truque, explica, é fazer um banho de capim-santo para homogeneizar o cheiro e evitar que as abelhas se estranhem e se trucidem. Depois, o apicultor, paramentado, enfia o braço naquela nuvem de insetos, bem devagarzinho, até a rainha aparecer, e, então, a introduz na outra colmeia. As abelhas-operárias instantaneamente a seguem. Mas há uma espécie de "estatuto" desses insetos que só permite a existência de uma rainha. Após o veredito do "tribunal das abelhas", a alteza preterida é assassinada.

•

---

14. Marcial Cotes, Daiany Mara Erler, Alexandre Schiavetti e Juarez Vieira do Nascimento, "O legado de Niède Guidon no semiárido brasileiro: a percepção de condutores de visitantes do Parque Nacional Serra da Capivara", *Antípoda. Revista de Antropología y Arqueología*, 2021, pp. 179–204.

EM 1986, ÀS NOVE da manhã de uma terça-feira, o doutor Isaías e seus colegas da clínica foram chamados para comparecer com urgência ao hospital de São Raimundo Nonato. Chegando lá, uniram-se a Esdra Macedo e Mirta, enfermeiros de plantão, que já tinham preparado oxigênio, adrenalina, corticoide injetável e outros fármacos para socorrer as vítimas de um ataque de abelhas, recém-chegadas do Mocó. Niéde Guidon estava entre elas.

A expedição daquela manhã tinha ido até o fundo da gruta do Sansão, cuja profundidade beira oitenta metros. A equipe colocou ali uma escada estreita e articulável, por onde desceram Niéde e dois integrantes da trupe. A arqueóloga Silvia e o mateiro Nivaldo ficaram na beirada do buraco amarrando apetrechos a uma corda. O combinado era que, assim que todos chegassem lá embaixo, os dois desceriam os equipamentos.

Ao ouvirem um grito, Silvia e Nivaldo enfiaram a cara no buraco e foram atacados por dezenas de abelhas, que subiam e zumbiam ao redor da cabeça, dos olhos, do pescoço e da boca, "formando uma espécie de capacete". Ao desespero para se livrarem das picadas somou-se a preocupação com os que permaneciam lá embaixo, sabia-se lá em quais condições.[15]

Os outros trabalhadores ajudaram a tirá-los do buraco, manobra complicada, uma vez que também precisavam se proteger. Nivaldo teve a ideia de carregá-los em uma rede; Silvia foi buscar o carro e tentou trazê-lo para o mais perto possível. Mas ela tremia tanto que, assim que chegou à estrada, passou a direção para outra pessoa e pulou para o banco traseiro, para ter certeza de que Niéde, que se queixava de boca seca, ainda estava respirando.

Esdra sabia que a situação era delicada. Para quem é alérgico ao veneno de abelha, uma só picada pode ser fatal, como ocorreu com um rapaz de 30 anos, filho de um colega seu. O enfermeiro levou Niéde para uma salinha. Com a ajuda de Mirta e manejando uma pequena pinça, foi caçar os pontinhos pretos. Embaixo do cabelo grisalho encontraram 54 ferrões, e havia outros espalhados pelo corpo, somando mais de cem. Niéde, grogue, gemia de dor.

Na sala ao lado, o doutor Isaías atendia uma vítima do ataque em estado ainda mais grave, um sertanejo

---

15. Silvia Maranca, *O outro lado da pesquisa arqueológica da Fundação Museu do Homem Americano: suas origens*, 2002.

que havia chegado desacordado, em choque anafilático. Nivaldo e Silvia, que levaram por volta de trinta picadas, foram dos primeiros a ter alta. Àquela altura, a cidade já estava em polvorosa. Uns diziam que a doutora estava pela hora da morte; outros, que ela já tinha batido as botas; e os maledicentes, que Silvia tinha tentado fugir sozinha de carro, deixando todos para trás para salvar a própria pele.

7. UM LUGAR NO MAPA

CORRIA O ANO DE 1992 quando a arqueóloga desembarcou de vez em São Raimundo Nonato. A partir dessa data, a cidade seria sua residência permanente, sem mais idas e vindas. Carregava malas e a companheira Chloé. O Parque Nacional Serra da Capivara estava inscrito no Patrimônio Cultural da Humanidade. A Unesco, braço da Organização das Nações Unidas para a educação, a ciência e a cultura, havia declarado o novo status do parque em meados de dezembro do ano anterior, mas fazia bastante tempo que Niéde se movimentava para que a área fosse tombada.

O formulário de pedido à Unesco, que devia ser preenchido em inglês ou francês, e encaminhado em três vias, foi assinado pelo Ministério das Relações Exteriores. Como Niéde ressaltava já naqueles dias, o pedido só vingou por iniciativa e empenho da Fumdham: a instituição acabou estruturando a documentação sem respaldo algum do Poder Executivo, que argumentou entender lhufas do assunto. Pudera.

A volta definitiva da arqueóloga ao Brasil ocorreu em meio à crise política e econômica que marcou a derrocada do governo Fernando Collor de Mello. Multidões nas ruas com a cara pintada de verde e amarelo pediam o *impeachment* do presidente. Mesmo com esse cenário caótico, a declaração da Unesco repercutiu, e o projeto ganhou visibilidade e recursos para concretizá-lo.

Manter um acervo de arte em museu fechado, com temperatura ambiente adequada e controlada, é uma coisa, mas fazer o mesmo com pinturas rupestres, a céu aberto, sofrendo com as intempéries do clima e a ação de animais e de vândalos, são outros quinhentos. Para complicar, nossos irmãos pré-históricos não tiveram a gentileza de usar suportes móveis para desenhar. Os cientistas da expedição franco-

-brasileira escalavam montanhas e equilibravam-se em escadas rotas para examinar traços cravados no alto dos paredões. Exigir o mesmo dos turistas seria descabido – e arriscado.

Como resolver o impasse? Transportar os blocos de rocha para um museu, além de ser uma operação absurda, empobreceria a experiência dos visitantes. A fruição completa da arte rupestre é inseparável do cenário em que ela está inserida. Deparar-se com desenhos de guerreiros atingidos por lanças, casais fazendo sexo e grupos dançando, e, ao mesmo tempo, desfrutar a orquestra de pássaros e a força da concretude da formação rochosa a se perder de vista, é como entrar num túnel do tempo. Uma viagem difícil de ocorrer se feita fora dali.

A melhor solução seria construir uma passarela para que os visitantes pudessem ver de perto as mais de mil pinturas encontradas na Toca do Boqueirão da Pedra Furada. Só que as obras no parque estavam paralisadas, devido a um atraso no repasse de recursos fornecidos pelo Ministério da Educação. Os trabalhos de conservação eram basicamente turnos de vigilância, limpeza e retirada de casas de vespas dos paredões. Até que o anúncio da Unesco deu fôlego financeiro à Fumdham.

Com aportes do BID, foi possível investir em infraestrutura adequada, como uma passarela provisória e estradas internas com acesso aos sítios. Naquele mesmo ano, as portas do parque foram abertas para o público de forma experimental. O restante das estações arqueológicas, situadas nas zonas mais distantes, seria descoberto nos anos seguintes. A expectativa era repetir o que ocorre em outros lugares classificados como "patrimônios da humanidade" mundo afora e atrair milhares de turistas – mas não qualquer turista. "É lugar para turista classe A. Quando eu falo isso em Brasília, dizem que eu não gosto de pobre. [...] já temos muitos [pobres]. Precisa desenvolver esta cidade", explicou Niéde.[1]

QUANDO SE MUDOU de mala e cuia para o Piauí, a arqueóloga e Chloé foram viver naquele local onde Niéde havia construído um banheiro só para ela, no Centro de Pesquisas Interdisciplinares, perto da praça do Relógio. Os cientistas costumavam passar um período de três meses na cidade. Na hora da despedida, era sempre um baque para Niéde. Numa

---

[1]. Estelita Hass Carazzai, "Área ainda tem sítios a serem descobertos", *Folha de S.Paulo*, Cotidiano, 21 ago. 2016, p. 5.

dessas, comprou uma escrivaninha e montou um escritório para Silvia Maranca. A paulistana ficou comovida, mas explicou que não suportaria trocar a metrópole pelo povoado do sertão.

Outra tentativa foi feita mais tarde. Niéde pediu para Elizabete Buco, a Bete – arquiteta responsável pelo projeto de sua casa, construída no terreno da Fumdham –, que incluísse um quarto para Anne-Marie. A francesa acabaria se fixando em Recife, e só ocupa seus aposentos no Piauí de quando em quando. Em 2001, Niéde, Chloé e os outros cães que adquiriu mudaram para a casa espaçosa em que vive até hoje, poucos meses antes da morte de Chloé. Nas suas três primeiras décadas na região, a arqueóloga se virou como deu: dormindo em redes nas casas dos sertanejos e disputando chuveiro a tapa. Imagine turistas, muitos deles idosos, tendo que passar pelo mesmo calvário? Era preciso providenciar alternativas.

O hotel oficial do parque foi bancado pelo governo do Piauí e gerenciado pela Fumdham, por meio de um sistema de concessão. Para tocar o negócio, Niéde convocou a amiga uruguaia Rosa Trakalo, que largou o solo pátrio e aterrissou em São Raimundo Nonato quando faltavam apenas dois meses para a inauguração. Uma de suas primeiras medidas foi erguer um portão entre as dependências do hotel e a rua, para evitar que os porcos criados soltos mergulhassem sem cerimônia na piscina.

Outro desafio consistiu em treinar os funcionários. Acostumados a dormir em rede, comer bode com macaxeira e beber cachaça, não viam muita função em tantos lençóis para forrar uma cama, mal conseguiam repetir algumas palavras do menu e achavam absurdo o ritual de servir um tiquitinho de vinho e aguardar o cliente girar o líquido, aproximar o nariz da taça com seriedade e aspirar profundamente, antes de ir ao que interessa.

O grande dia chegou. Abriram-se as portas do Hotel Serra da Capivara no dia 10 de novembro de 1992. O prédio baixo pintado de cor pêssego, no bairro de Santa Luzia, fica a 1 quilômetro do Centro da cidade e bem próximo de uma pequena ponte sobre um riacho, numa época em que ainda corria um riacho exuberante ali.

Para chegar à recepção, era preciso atravessar um caminho de paralelepípedos e um jardim repleto de árvores, algumas delas floridas, como as de hibiscos cor-de-rosa. As paredes da sala de jantar eram portas de vidro com vista para o jardim.[2] Em quase todo can-

---

2. Elaine Dewar, *Bones: Discovering the First Americans*, 2001.

to havia traços de arte rupestre: no painel da entrada, nos quadros que decoram as acomodações, na placa de cerâmica da sala de jantar, nos azulejos da área da piscina, assim como no uniforme dos funcionários, que tinham bordada na camisa a imagem de dois veados saltando, o símbolo do parque.

O empresário Raimundo Pindaíba – sim, Pindaíba, você leu corretamente – ainda não tinha levado nenhuma loja de sua rede de supermercados para a cidade, o que obrigava Rosa a ir de caminhonete até Petrolina, encarando 300 quilômetros, para comprar mantimentos. As diárias cobradas pelo hotel, com café da manhã incluído, eram insignificantes se comparadas às praticadas em outras cidades. As refeições incluíam "piranha gigante, capturada no Rio São Francisco e servida assada ao molho de tomate e pimentão".[3] Sucos e doces eram feitos com frutas típicas da região, como bacuri e caju, umbu-cajá.

A empresária Socorro Macedo passou a organizar no salão do hotel os eventos do Lions Club, do Rotary e da Loja Maçônica. A elite são-raimundense batia

---

3. Ulisses Capozzoli, "Piauí guarda segredos do homem americano", *O Estado de S. Paulo*, Especial Domingo, 22 out. 1995a, p. D2.

ponto para almoçar nos finais de semana, ou apenas para um convescote com drinques e aperitivos à beira da piscina.

Embora o fluxo ainda estivesse longe do almejado, visitantes brasileiros e estrangeiros passaram a encarar estradas precárias para visitar a Serra da Capivara. A Pedra Furada, cartão-postal do parque, começou a atrair grupos esotéricos e budistas, crédulos de que aquela obra-prima da natureza esculpida em rocha era uma porta de entrada de um mundo de onde emanava uma força sobrenatural. Foi organizado inclusive um congresso zen-budista na cidade.

A cientista cética tinha lá suas crenças. Filha de Iemanjá, já havia se despencado até Salvador para pedir a bênção da Mãe Menininha do Gantois. Mas sua fé maior era a de que o parque logo atrairia milhões de pessoas. Quando o Iphan tombou o parque, em 1993, a Fumdham abriu o primeiro curso para formar guias.

Muitos candidatos eram escolhidos por Niéde, que passava nas escolas da Fumdham em busca dos alunos que mais se destacavam. O próprio Marinho começou como ouvinte do curso, passou a estagiário, e dois anos depois estava credenciado como guia, profissão que ele e muitos de seus colegas exercem até hoje.

A arqueóloga pegava o rapaz e mais dois garotos do povoado na segunda-feira de manhã e os levava em seu carro até São Raimundo Nonato, onde permaneciam até sexta-feira. No trajeto de ida e volta, a arqueóloga repetia a importância que o turismo teria na região e no futuro de toda a comunidade.

OUTROS HOTÉIS E POUSADAS foram surgindo, como o Real e o Zabelê, mas nenhum chegava aos pés daquele idealizado pela fundadora do parque. Depois de alguns anos à frente do negócio, e atarefada com sua recém-inaugurada agência de viagens Trilhas da Capivara, Rosa foi substituída por um dos irmãos de Niéde. Incomodado com as moscas, o calor e a vida pacata da região, ele e a esposa desistiram da missão em poucos meses e deram no pé, sem esperar que outra pessoa fosse designada para a função.

Rosa e a arquiteta Bete, que trocara São Paulo por São Raimundo Nonato para abraçar o projeto da Fumdham, sugeriram o nome de Girleide Oliveira, empresária pernambucana que trabalhava com bares e choperias. Recém-separada do marido, deixou os negócios com o sócio e aceitou a oferta. Com receio de que a amiga mudasse de ideia e fugisse da raia, Rosa mandou um carro buscá-la em Petrolina. Girleide chegou na cidade em 14 de dezembro de 1999, numa terça-feira à noite, e no dia seguinte acordou gerente do hotel.

Convidada a passar o Natal na casa de Niéde, a quem se refere como "professora", a pernambucana levou de presente um kit de miniaturas de perfumes que encontrara numa promoção. Ao sentir a fragrância que a anfitriã usava e, depois, ganhar dela uma garrafa de vinho branco francês – algo em torno de mil reais, como descobriu ao xeretar depois –, deu-se conta de que tinha cometido "a pior das injúrias", como ela contou.

Com a freguesia do hotel, Girleide acertou. Introduziu novidades, como aluguel de salão para casamentos e aniversários, jantares especiais no Natal e no Ano-Novo e shows com humoristas e músicos. Todo dia 7 de julho, a nova gerente fazia questão de celebrar em grande estilo seu aniversário, chamando chefs de fora para a ocasião e reunindo os amigos. Nessas ocasiões, Niéde costuma aparecer no fim da tarde, antes dos outros convidados, para entregar uma lembrancinha, como um creme facial ou um jogo de taças de cristal. A gerente lembra que a professora "Nunca gostou de muita gente. Não gostava de festa. Não era como todo mundo. Nunca foi."

Quase nunca.

Em um dos *réveillons* mais memoráveis, Niéde trocou a calça comprida e a camiseta larga por um vestido vermelho com o desenho de uma onça. Um dos garçons era o hoje guia Waltércio Torres. Bandeja na mão, trajando calça bege e camisa com o logotipo do parque, encarregou-se de manter o copo da doutora sempre cheio, mesmo quando ela foi para o meio da pista dançar com Rosa, Bete e Anne-Marie.

Nomes conhecidos, como o conterrâneo Geraldo Azevedo, estavam na lista da pernambucana, que também chamava talentos locais para se apresentarem no hotel: "Com vocês, Sebastiana Sanfoneira!"

Miúda e magra, de braços fortes por abrir e fechar o fole anos a fio, a artista é tida como a primeira mulher sanfoneira, profissão até então dominada pelos homens.

Quando menina, Sebastiana encontrou uma sanfona na rua. Deu um trato na "bichinha" e ficou "se batendo" para aprender a tocar o repertório que ouvia no radinho de pilha. Mas do instrumento "velho e esbagaçado" só saía uma "zuadinha de som". Para agradar a menina, seus pais venderam um animal e compraram uma sanfona. Era de segunda mão, mas espetacular se comparada ao primeiro instrumento.

Com 11 anos, Sebastiana estreou tocando em troca de dinheiro e atraiu "um dilúvio de gente", em suas palavras.

Anos e sanfonas depois, com um calombo no pulso, ganho por fazer movimentos repetitivos, e sem dinheiro para comprar um instrumento melhor, decidiu recorrer à doutora na Fumdham. Aguardou sentada em um sofazinho, até ser chamada ao escritório. Só depois de narrar em detalhes a saga de sua vida e chorar nos trechos mais dramáticos, como a perda de um filho, Sebastiana disse a que veio: "Doutora, não tenho mais nada pra sobreviver, é Deus na Terra e a sanfona no braço." Niéde pegou um talão de cheques e perguntou qual era o valor de uma sanfona nova. A artista pulou no pescoço da doutora, passou a lascar-lhe beijos e abraços, a chamá-la de "minha linda", de "meu amor" e "minha flor", enquanto a franco-brasileira, econômica na manifestação de afetos, tentava contê-la.

Sebastiana ganhou fama. Quando estive na cidade, o zum-zum-zum era a aparição da conterrânea ilustre na televisão, tocando sanfona, vestida de noiva. Aos quase 60 anos, estava aprendendo a ler e escrever e acabara de selar a união com o companheiro de mais de quatro décadas. A cerimônia foi patrocinada e transmitida pelo *Programa Eliana*, no SBT, onde prometeram viver juntos até que a morte os separe.[4]

ANIMADA COM O SUCESSO do hotel e o interesse cada vez maior de turistas estrangeiros pela região, Niéde teve uma ideia e correu para compartilhá-la. "Girleide", disse ela, ao entrar na sala da gerente, "virá gente de todo lugar para conhecer o parque. É preciso fazer bonito. Vamos servir escargot." A pernambucana permaneceu séria, afinal, dá um trabalho do cão criar esse molusco gosmento, frágil e vendido a preço exorbitante. Enquanto a professora seguia sugerindo iguarias para o menu, a empresária lembrava que aquela não era a primeira nem seria a última vez que a arqueóloga apareceria com planos mirabolantes.

Girleide não era cientista nem Ph.D. em coisa alguma, mas confiava no próprio tino comercial. Abriu uma gaveta e pegou caneta e um pedaço de papel para explicar, por A mais B, que, se tentasse concretizar todas as ideias luxuosas de Niéde, as contas não fe-

---

[4]. "Dona Sebastiana ganha o tão sonhado casamento", *Programa Eliana*, 28 nov. 2021.

chariam e ela colocaria em risco a saúde do negócio. A conversa foi tensa, mas, com todo o respeito e a admiração que tinha pela professora, Girleide se recusou a obedecê-la e avisou que, se fosse para lidar com suas interferências, preferia ir embora.

Desde aquela festa de Natal, a gerente do hotel evitava frequentar a casa de Niéde, para manter a relação no âmbito profissional. "Quanto mais asa se dá, mais difícil a professora fica. Se ela dá um grito, você tem que se materializar na frente dela." Diferentemente das outras "meninas", Girleide não se considerava alguém da família, com quem é permitido brigar num dia e reatar no outro, como se nada tivesse acontecido.

Quando a situação se acalmou, a pernambucana foi até a casa de Niéde, disse que estava ali para prestar serviços, e não ouvir desaforos. Ponderou que existe o mundo de quem paga as contas e faz os cálculos na ponta do lápis, e o de quem acredita que o dinheiro vem, mas não sabe quando, tampouco de onde, e finalizou a conversa com uma proposta. Continuaria à frente do hotel desde que o empreendimento fosse desvinculado da Fumdham, de maneira que Niéde parasse de interferir no negócio. Trato feito.

Depois que o hotel já estava bem estruturado, Girleide propôs a Niéde se afastar para assumir a fábrica de cerâmica. Criada no início dos anos 1990, ela era apenas uma pequena oficina com um forno e quatro funcionários, dentre eles o mateiro Nivaldo e sua esposa, Carmelita. Os turistas mal sabiam da existência das peças produzidas, só compravam alguma se por acaso topassem com elas em Barreirinho. A empresária via potencial para expandir o negócio, até então administrado por cientistas e pesquisadores da Fumdham, craques em encontrar, datar e catalogar artefatos de barro pré-históricos, mas inábeis em comercializar as cerâmicas criadas a partir das imagens do lugar.

Como o hotel era um sucesso, Niéde não queria correr o risco de afastar Girleide do comando, por isso postergou a resposta a seu pedido. Depois de muita insistência, o hotel foi arrendado para um pessoal de Petrolina. Usando como entrada o dinheiro da venda de duas caminhonetes, a pernambucana se tornou então dona da fábrica de cerâmica.

Uma das cláusulas do contrato dizia que, se o restante do dinheiro não fosse apresentado na data combinada, a Fumdham poderia se apropriar de todos os bens de Girleide. "Quando li, fiquei com raiva, deu vontade de dar uma mordida na cara de

Niéde." Outra condição imposta pela arqueóloga foi que Nivaldo e Carmelita jamais fossem demitidos, afinal, o terreno havia sido doado por eles.

A cerâmica Serra da Capivara vende suas peças, hoje, para cadeias poderosas do varejo, além de exportá-las para os Estados Unidos, a Espanha e a Itália. Em 2012, no mesmo terreno da fábrica, Girleide construiu um albergue para grupos de pesquisadores, um restaurante e a Pousada da Cerâmica Serra da Capivara, onde se hospedam figuras importantes que passam por lá.

Depois da saída de Girleide, o hotel oficial do parque foi aos poucos perdendo a excelência até fechar as portas de vez. No início de 2022, a entrada estava coberta por um matagal.

A SERRA DA CAPIVARA contou desde seu surgimento com financiamentos e recursos públicos do Ministério da Cultura (Fundo Nacional de Cultura/Lei Rouanet), investimentos da Petrobras, da Eletrobras, do Ibama e do ICMBio. Porém, nenhum deles com regularidade, motivo pelo qual Niéde passou praticamente a vida toda atrás de autoridades municipais, estaduais e federais – e da imprensa –, para conseguir manter a área protegida.

No governo Fernando Henrique Cardoso (1995-2002), ganhou mais atenção e floresceu. Contemporâneos na USP, Niéde estreitou laços com FHC e sua esposa, Ruth Cardoso, quando estavam expatriados em Paris, e mantiveram a amizade na volta ao Brasil, trocando ideias em jantares e rodadas de vinho.

Em 1999, FHC foi ao Piauí participar da primeira etapa das festividades organizadas para marcar o quinto centenário do Descobrimento do Brasil e inaugurar uma nova ala no museu – com laboratórios, reservas técnicas, biblioteca especializada, escritórios e depósitos. Foi batizada de Centro Cultural Sérgio Motta, em homenagem ao amigo de Fernando Henrique que fora seu ministro das Comunicações e morrera em 1998.

Os festejos programados para o aniversário da chegada dos portugueses ao Brasil incluíam uma cerimônia de fusão das chamas de três tochas, que simbolizariam a composição étnica da nação e seriam reunidas no Rio de Janeiro. Uma das tochas saiu de Lisboa; a outra, do quilombo do Calundu, no interior de Goiás; e a terceira, da Serra da Capivara, carregada por um indígena, afinal, seu povo já estava por aqui muito antes de Cabral.

FHC relata a visita ao Piauí em seus diários:

[...] visitei o sítio arqueológico, que é muito interessante. [...] Parece que ali houve habitação humana há cerca de 50 mil anos, pelo menos, e há desenhos nas pedras, muito bem-feitos, todo o sítio bem cuidado, o pequeno museu também [...].[5]

NIÉDE SEMPRE QUIS construir um aeroporto em São Raimundo Nonato. Para desenvolver o turismo na região, era vital facilitar o acesso, poupando os visitantes da emoção de desviar de animais no caminho. Quer frio na barriga? Vá lá, mas que seja apenas simulação, como deixá-los lascar pedra e pintar, como faziam nossos ancestrais. FHC liberou a primeira verba para as obras do Aeroporto da Serra da Capivara em 1998, a construção se iniciou em 2004 e a inauguração, onze anos depois. O projeto consumiu dezenas de milhões de reais em recursos federais e estaduais – e também os nervos de Niéde. "Como em Teresina faz muito calor, o dinheiro chegou de Brasília e derreteu todinho", ironizou.[6]

•

---

5. Fernando Henrique Cardoso, *Diários da Presidência, 1999–2000*, 2017, pp. 389–390.
6. Marcos Pivetta, "Niède Guidon", *Revista Pesquisa Fapesp*, abr. 2008.

REVOADAS DE PARDAIS, a fugir do mormaço catingueiro, avistaram um local em forma de veado, o símbolo do parque, e desceram para buscar refúgio. As paredes azuis e as árvores, assim como os animais pintados nos painéis, garantiram um quê de habitat natural. As aves passavam o dia a pipilar até a hora do crepúsculo, quando se aquietavam. Lá fora, podiam flanar sobre a pista de voo; lá dentro, sobre a esteira de bagagens vazia.

Nenhum som de avião nem vozes no alto-falante orientando passageiros. Aliás, não havia passageiros. Apenas pessoinhas pré-históricas plasmadas nos azulejos e dois funcionários vestidos com uniforme da Esaero, companhia responsável pela administração do aeroporto. Fora a visita eventual de algum político ou do resgate aeromédico do Serviço de Atendimento Móvel de Urgência (Samu), ninguém dava as caras.

A abertura do aeroporto se deu em 2015 e contou com a presença da arqueóloga, de políticos, de empresários, da imprensa e da comunidade local, mas não alterou a rotina dos pardais. Após a efeméride, nenhuma companhia aérea local se interessou em colocar voos comerciais, alegando falta de demanda e de incentivo do governo local. A pista curta demais e a falta de estrutura para imigração e alfândega impossibilitam receber aeronaves e turistas estrangeiros, como era o plano inicial.

O Ministério Público Federal processou na Justiça a construtora e os ex-funcionários públicos responsáveis pela obra. A peça de acusação aponta pagamentos indevidos, problemas na execução dos serviços e outras irregularidades. Os réus foram condenados em primeiro grau por improbidade administrativa, mas recorreram, e até a publicação deste livro ainda não houve julgamento definitivo.

Somente um ano depois, em junho de 2016, a empresa Piquiatuba Táxi Aéreo começou a oferecer voos, em aeronaves para nove passageiros, com itinerário incluindo também a capital – Teresina – e Picos, um polo comercial do estado.

CRÍTICOS ACUSAM até hoje a arqueóloga de ser megalômana. O que vem antes, o ovo ou a galinha? Falta demanda para o turismo porque não há infraestrutura, ou não há infraestrutura porque falta demanda? Não satisfeita em erguer um aeroporto no meio do sertão, ela teimou para que fosse inigualável, e, de fato, o terminal é considerado um dos mais bonitos do Nordeste. O último gesto da arqueóloga antes de se afastar da presidência da Fumdham, em 2018, foi inaugurar o Museu da Natureza. O espaço aborda as transformações do universo e dispõe de recursos interativos para recriar paisagens e seres extintos. "Queriam construir em Petrolina ou Teresina, longe do parque. Eu disse: Não. Tem que ser aqui. Fizemos aqui", me contou.

"É aquela coisa", disse o arqueólogo André Strauss, da USP. "Não tem turista porque não tem hotel. Constrói hotel. Ah, tem hotel, mas não tem aeroporto. Constrói o aeroporto. Ah, é porque não tem museu. Chama um estrela para fazer curadoria e constrói um museu interativo.[7] Niéde está no seu papel, quem não chora não mama, o problema é quem libera a verba."

Embora faça essas ressalvas, Strauss admira a capacidade que Niéde tem de atrair investimento com seus projetos. Como aprendeu com seu antigo mentor, o arqueólogo Walter Neves, ele diz que um cientista brasileiro não pode se dar ao luxo de passar a vida lendo Sartre.

"Nossas maiores contribuições não vão ser científicas, mas institucionais. O laboratório que você construiu, a rede de apoio que conseguiu estabelecer.

---

[7]. Marcello Dantas, diretor artístico e curador brasileiro.

Vejo com bons olhos a universidade em São Raimundo Nonato, é um vetor de desenvolvimento."

Niéde considerava o aeroporto uma causa perdida, mais uma de suas tentativas malogradas. Em dezembro de 2022, os pardais cederam espaço para os aviões. A Azul Linhas Aéreas passou a oferecer dois voos semanais, conectando São Raimundo Nonato a Petrolina e Recife, em Pernambuco. Após o anúncio, recebi um e-mail de Niéde – e com ponto de exclamação, algo inédito: "Espero que desta vez dê certo!"

8. D'AVIGNON NO SERTÃO

HOTÉIS E POUSADAS estavam praticamente lotados e, mesmo assim, não parava de chegar gente para prestigiar o Interartes, um festival internacional que abrange dança, teatro e música. A estreia estava marcada para o dia 19 de setembro de 2003, uma sexta-feira, às sete e meia da noite, com o Boqueirão da Pedra Furada todo iluminado para o evento.

A equipe da rede de televisão Meio Norte chegou com seis câmeras e colocou um refrigerador numa sala improvisada, sob um cajueiro. Ali entrevistava os artistas. Artesãos das comunidades próximas levantaram barraquinhas para vender seus produtos.

Costureiras, sentadas à beira do palco, davam os últimos retoques nos figurinos.

Com tino para os negócios, a molecada do Mocó correu para preparar picolés e sucos de frutas típicas para vender aos turistas. Um rapaz tirava notas e mais notas amarrotadas dos bolsos, embasbacado com o ganho do dia.

Realizar essa espécie de Woodstock no sertão incluía uma série de desafios: brincar de pega-pega com os macacos para recuperar os papéis coloridos surrupiados dos refletores, amarrar a cortina à prova de incêndio, para que não fosse levada pelo vento, e enrolar o linóleo para que não derretesse sob o sol da caatinga. Isso sem falar no perrengue para transportar um piano de cauda Fritz Dobbert e ainda ter de caçar um especialista para afinar o instrumento. Enquanto na Europa os trabalhadores dispunham de elevadores para pendurar os *spots* de luz, na caatinga era no muque e no ombro, com escada.

Niéde cuidava da logística. Coube a ela procurar troncos de árvores caídos para pendurar a cortina de juta trançada, assim como mandar buscar em Petrolina galões de água, mercadoria escassa na cidade. Mas nada parecia abalar a confiança da arqueóloga no sucesso do Interartes. "Este festival será o nosso d'Avignon", vaticinou, aludindo ao evento de artes mais antigo da França.

Entre as atrações anunciadas estavam o mímico inglês Les Bubb; Sebastiana Sanfoneira e o Coral dos Vaqueiros, ambos do Piauí; o pianista francês Henry Torgue; o coreógrafo escocês Mark Sieczkarek, ex-integrante da companhia de dança de Pina Bausch; e a bailarina Lina do Carmo, natural de Teresina e radicada na Alemanha, uma das mentoras do festival e responsável por ensaiar o grupo de crianças sertanejas que abriria a noite com o número *Fantasia rupestre*.

No auditório da Fumdham, paralelamente aos espetáculos, cientistas e artistas debatiam arte, conservação de pinturas, turismo e inclusão social, além de promover oficinas educativas, todas lotadas. A de Henry Torgue com Sebastiana foi uma das mais divertidas. O pianista francês não entendia lhufas do que dizia a brasileira – mesmo quando ela falava pausadamente, como se assim facilitasse as coisas –, mas ria até as lágrimas com o jeito afetivo de ela tentar lhe ensinar a tocar sanfona, com palavras de estímulo, como "meu querido" e "minha joia rara". Sebastiana ainda não tinha dado um trato nos dentes, hoje bem branquinhos e alinhados, mas nem por isso economizava o sorriso largo, feliz da vida por conhecer ministros, deputados, prefeitos, gente de tanto lugar do mundo, e grata, porque "a doutora lembrou de me chamar e não colocou ninguém na minha vaguinha".

Girleide se desdobrava para atender os hóspedes que ocupavam os dezoito quartos do Hotel Serra da Capivara, preparar as marmitas para os artistas e o banquete que seria servido ao público após o espetáculo, sob uma palhoça, onde hoje funciona um *camping*, no Sítio do Mocó. No menu do restaurante improvisado, a pernambucana priorizou a culinária da terra, com carneiro assado, galinha caipira, galinha-d'angola e macaxeira frita.

Antes das sete da noite, os convidados começaram a chegar. Alguns vinham de chinelo; outros, de salto alto; de jumento, de carro ou em um dos ônibus fretados para o festival. O céu estrelado, a lua cheia vista através do buraco da Pedra Furada, iluminada por refletores, era um espetáculo à parte. E foi ali que Niéde teve a ideia de oferecer visitas noturnas aos turistas, passeio que mantém até hoje.

Mil e trezentas pessoas lotaram o anfiteatro e milhares de outras se colocaram em frente à televisão para acompanhar de casa a transmissão ao vivo. Pinturas rupestres eram projetadas em um painel. Niéde foi vestida com a calça jeans habitual, mas trocou o tênis por sapatos, colocou um colar de miçangas amarelas e uma camiseta com um dos desenhos do paredão – o de uma pessoinha com os braços para o alto. O programa do espetáculo abria com um texto seu:

> "Este festival, que se repetirá todos os anos, oferece a todos, jovens e adultos, moradores da região e forasteiros, a oportunidade de voltar ao mundo que aqui existiu durante toda a pré-história. O mundo que foi destruído pela força bruta e pela ignorância, mas que agora volta, nos braços dos artistas, das crianças, de todos aqueles que protegem o Parque Nacional, sua paisagem, sua vida."[1]

Jornais da época dão conta do sucesso do evento: "Multidão aplaude o 1º Interartes",[2] "Interartes supera expectativas",[3] "Festival mostra como arte leva à cidadania",[4] escreveu Helena Katz, uma das principais críticas de dança do país.

---

1. Helena Katz, "Festival mostra como a arte leva à cidadania", *O Estado de S. Paulo*, 1º out. 2003.
2. "Multidão aplaude o 1º Interartes", *Meio Norte*, 21 set. 2003, capa.
3. "Interartes supera as expectativas", *Meio Norte*, 22 set. 2003, p. A/10.
4. Helena Katz, *op. cit.*

Ao final do espetáculo, o deputado federal Paes Landim, surpreso com a quantidade de luzes e o luxo das apresentações, perguntou a Niéde e Lina do Carmo se realmente era preciso algo tão grandioso. As duas disseram que pobres também merecem do bom e do melhor, deram de ombros e seguiram para a festa, que se estendeu até de manhã, com muito arrasta-pé ao som de viola e sanfona.

NIÉDE E LINA DE CASTRO tinham se conhecido sete anos antes, quando a bailarina passou um período no Piauí para pesquisar as pinturas rupestres, o que culminaria no solo *Capivara*. Mesmo sendo da região, era a primeira vez que a bailarina visitava a serra. Mística, viu vultos em movimentos nas imagens das rochas.

"Ué, Lina", provocou a cientista cética, "você está fazendo arqueologia das almas?" As duas tinham em comum o domínio do francês, língua na qual se comunicavam, e o gosto pela arte. Ao se despedir, Niéde observou a ironia do destino: "Você, do Piauí e da Capivara, vive na Europa; eu, de Paris e da ópera, tenho que viver aqui."

As duas perderam contato, até que no dia 31 de maio de 2000 a arqueóloga mandou um e-mail para a bailarina. Perguntava se ela tinha interesse em apresentar seu solo e ministrar *workshops* para 730 crianças das escolas criadas pela fundação. Já havia um palco no parque, recém-montado para a visita de FHC, e uma sala de dança na Fumdham, próxima ao anfiteatro e ao museu, equipada com espelho e barra, ainda sem uso por falta de alguém gabaritado.

Naquele ano, o Ministério da Educação decidira interromper o repasse de recursos à Fumdham para manutenção dos Núcleos de Apoio às Comunidades (NACs) e passara a transferi-los diretamente às prefeituras dos municípios onde estavam localizados. Autoridades defendiam que tudo estava montado e caberia às prefeituras mantê-los. Logo o corpo docente que havia passado por longo processo de formação foi substituído por professores mal preparados, as aulas passaram a ser apenas de meio período, os postos de saúde foram extintos, e a alimentação, cortada.[5]

Com receio de ver os NACs naufragarem, Niéde convocou a bailarina. Os NACs foram um projeto premiado em 1995 pelo Unicef, o braço da ONU para assuntos da infância, como uma das quinze melhores experiências na área pedagógica do país. Naquele

---

5. Cristiane de Andrade Buco, "O caso da Serra da Capivara, vinte anos de socialização do conhecimento através da arte--educação", *Revista Alter Ibi*, 2014.

momento, a fundação já proporcionava aos alunos atividades de reforço escolar e arte-educação, como coral, banda, teatro e artes plásticas, organizados pela arqueóloga e educadora Cristiane Buco. Faltava a dança.

Lina topou e Niéde prometeu providenciar o que fosse preciso para seu espetáculo: "Diga o quê e a gente dá um jeito." Um motorista foi buscá-la no aeroporto de Teresina para levá-la a São Raimundo Nonato. No trajeto trepidante, a bailarina comentou que Niéde era visionária e tenaz, capaz de realizar projetos que a muitos soavam utópicos, megalomaníacos e perdulários. "É no caminho da estrada que as abóboras se ajeitam", ensinou o sertanejo.

A apresentação de *Capivara* no parque contou com a presença de gente graúda e da comunidade local. As crianças sentaram em troncos, e os adultos, numa arquibancada montada para a ocasião. Niéde conseguiu o apoio do então prefeito de São Raimundo Nonato, Avelar Ferreira, para trazer a bailarina da Alemanha, mas ele colocou a condição de que ela se apresentasse também no Clube Jenipapo. Toparam, mesmo a arqueóloga considerando "aquele lugar horrível", como confidenciou a Lina. Nenhuma delas imaginava, no entanto, que o político usaria a ocasião para alavancar sua reeleição, mandando confeccionar camisetas com os dizeres: "Lina do Carmo vem dançar, vote em Avelar."

Lina se dividia entre três municípios para dar aulas para as crianças e os adolescentes. Os mais privilegiados foram os de Mocó, que usavam o palco na Pedra Furada. Niéde, às voltas com a gestão do parque e as pesquisas nos sítios, passava de quando em quando de carro, cotovelo na janela e os cães no banco traseiro, para checar a reação da meninada.

"Vai, Mariudes! Anda, Mexica. Faz aí um movimento."[6] Imóvel, olhar fixo nas pedras, a garota de 6 anos parecia não ouvir as provocações dos colegas, até que, do nada, surpreendeu a todos com um salto alto e gracioso. Lina sugeria correções de postura para evitar danos corporais, já que a maior parte dos alunos carregava balde de água na cabeça e ajudava os pais na roça, trabalhando curvados.

POUCO DEPOIS DESSA experiência, iniciou-se o projeto Pró-Arte Fumdham, em parceria com o Instituto

---

6. Lina do Carmo, *Corpo do mundo: criações, raízes e caminhos improváveis na poética do movimento*, 2015.

Ayrton Senna. Lina passou então a viajar da Alemanha para o Piauí três vezes por ano para tocar as atividades junto com Cristiane Buco, entre outros profissionais da fundação, e organizar anualmente o festival.

Niéde procurou Deus e o mundo para que o Interartes saísse e conseguiu patrocínio de vários lugares: Telemar, Caixa Econômica Federal, Consulado da França, Sistema de Incentivo Estadual à Cultura (Siec) e ministérios da Cultura e do Turismo. Com a repercussão positiva da estreia em 2003, estavam todos otimistas e animados para as próximas edições do festival.

Mas, como tudo na Fumdham – onde nada está garantido a longo prazo –, foi preciso enfrentar outra vez a via-crúcis. O tempo passava e coisa nenhuma de o patrocínio da Telemar sair. Recorreram à classe artística piauiense, e nicles. Como última cartada, Lina do Carmo foi até Teresina, aboletou-se na frente do palácio do governo e iniciou uma greve de fome, chamando a atenção da mídia e do então governador Wellington Dias, que liberou parte da verba.

Alívio? Só que não. Um grupo de trabalhadores sem-terra acampou próximo aos paredões, ameaçando destruir as pinturas com os fogões improvisados para cozinhar. Para completar, o último cervo silvestre da região apareceu morto dentro do parque, nas imediações do Sítio do Mocó. Niéde ficou possessa e fez um escarcéu: "Anos martelando sobre a importância de preservar a flora e a fauna, de não caçar, para quê?"

O suspeito do crime foi preso pelo Ibama, a questão é que ele trabalhava com a equipe nas explorações arqueológicas e era pai de um aluno do Pró-Arte. Furibundo por estar atrás das grades, o homem proibiu o filho de participar do festival "daquela doutora". Sensibilizados com a situação do compadre, muitos pais fizeram o mesmo. As crianças, que ensaiavam havia nove meses e vibravam com a estreia próxima, entraram em desespero. Lina convocou uma reunião com os pais para demovê-los da ideia. Alguns voltaram atrás, outros permaneceram irredutíveis, obrigando a coreógrafa a sacar da cartola bailarinos substitutos.

Por sugestão de Niéde, o segundo evento, batizado de *Pacto renovado*, foi baseado em um conto de Anne-Marie Pessis, que fala sobre a importância das pessoas no processo de conservação do meio ambiente e da cultura. Outra ideia da arqueóloga foi abrir o festival com rituais, cantos e danças do povo krahô, de Tocantins. Seria uma maneira de homenageá-los e também uma oportunidade para devolver um machadinho, considerado o coração da tribo, que havia tempos eles tinham emprestado para ela e Vilma Chiara, arqueóloga que a acompanhou na primeira vez que esteve na Serra da Capivara.

O elenco contava ainda com artistas da França, da Inglaterra, da Alemanha e de vários cantos do Brasil – mas um deles roubou a cena e permanece vívido na memória de quem lá esteve. "Pois, minha filha, teve um incidente, contrataram um tal de um artista, um cabra que fez nem sei lá como te dizer", avisou a empresária Solange Macedo, endossada por todos com quem falei, cada um acrescentando um pedacinho de informação para compor o mosaico.

O BAILARINO LUIZ de Abreu levou ao sertão do Piauí sua performance *O samba do crioulo doido*, premiada pelo Instituto Itaú Cultural e exibida em vários países da Europa. Valendo-se do deboche, fazia uma crítica à objetificação do corpo negro, sempre associado ao carnaval e ao erotismo. O convite partiu de Lina, mas Niéde e Anne-Marie, ao entenderem tardiamente do que se tratava o espetáculo, ficaram receosas de que pudesse chocar a moral conservadora dos políticos nordestinos e colocar em risco o apoio ao projeto.

Aventaram cancelar a participação de Luiz de Abreu, mas depois de uma reunião, que acabou à meia-noite, de Niéde e Anne-Marie com o bailarino, ficou acordado que ele não usaria em cena a bandeira do Brasil. Também suprimiria a cena final e não se apresentaria na estreia, dia em que as autoridades estariam presentes, mas numa segunda-feira, quando o público seria menos numeroso.

Pois bem. E não é que o governador Wellington Dias, a primeira-dama, a mãe da primeira-dama, prefeitos das redondezas, vereadores e deputados faltaram na abertura e apareceram justamente na noite do *Samba do crioulo doido*? Se ao menos o bailarino tivesse topado se apresentar no anfiteatro do Museu do Homem Americano, junto com o grupo francês Les Rémouleurs. Mas àquela altura não havia mais nada a fazer, e no programa da peça constava a recomendação: "para maiores de 16 anos".

Às 20h30, Niéde fez o discurso de praxe, agradeceu a presença de todos e sentou na primeira fileira, ao lado do governador e de Anne-Marie, para ouvir o maestro e pianista Luizão Paiva, de Teresina.

Na sequência, às 21h40, o palco ficou escuro, apenas um holofote iluminando a cortina e, conforme combinado, sem o símbolo do Brasil. O breve silêncio foi quebrado pelo som de atabaques intercalado por um lamento gutural, dançado pelo vulto em cena. Na penumbra, aos poucos, olhos mais acostumados, foi possível vislumbrar o corpo do bailarino. Era um homem negro. Ou melhor, era um homem negro nu, vestido apenas com botas prateadas de salto alto subindo até o meio da coxa.

Quase chegando ao final do solo, o artista não conteve o impulso de transgredir. Afinal, era o mês da consciência negra e ele não ficaria calado, tampouco censuraria uma cena esteticamente plausível com sua coreografia. Interrompeu o espetáculo, foi até o microfone e avisou que a partir daquele momento não cumpriria o acordo feito com a direção da Fumdham. Dali por diante, tudo seria única e exclusivamente de sua responsabilidade.

Ao som de *O guarani*, de Carlos Gomes, virou-se de costas para a plateia, colocou o bumbum para o alto, uma bandeira do Brasil entre as nádegas e passou a tremelicar ao som cada vez mais frenético da música, como se a extirpar todo o ódio e a angústia de ser carne preta no Brasil.

A câmera da rede de televisão Meio Norte, como Lina registraria em um livro mais tarde, "não minimizou os closes no gestual do dito profano, do performer enfiando a bandeira do Brasil no lugar de profundidade simbólica".[7] Os telespectadores viram a mão da esposa de um dos prefeitos apertar o braço do marido. Houve quem se levantasse de supetão, dando ordens para que as luzes fossem apagadas, em vão.

Ouviam-se risos, assobios e vaias. Marinho, guia e guarda do parque, que tinha revezado com um colega e assistia a tudo, em pé, num canto do palco, viu quando políticos se levantaram e foram embora sem aplaudir. O deputado Paes Landim, ao cruzar com Lina, teria dito: "Ô, dona bailarina, muito mau gosto trazer uma coisa dessas para cá."

Ao vê-lo se afastar, a bailarina e diretora artística do evento lamentou que um espetáculo tão bonito e cheio de mensagens contundentes contra o racismo tivesse sido interpretado de forma tão simplória, como se fosse pornográfico. O solo, aliás, no seu entender, fazia alusão à coreografia do bailarino Vaslav Nijinski para a composição *Prelúdio para A tarde de um fauno*, de Claude Debussy, que chocou

---

7. *Ibidem.*

os europeus ao simular uma cena de masturbação com o lenço de uma ninfa – mas isso tinha sido um século antes.

O assunto nas comemorações em Mocó era um só: o bailarino "grandalhão" fez um rolinho com a bandeira, "enfiou nas ancas e balangou o pirulão!", explicava uma mulher para os curiosos que lastimavam ter perdido o grande acontecimento. Um advogado ameaçou prender o artista, acusando-o de "blasfêmia" contra o símbolo pátrio. Boatos diziam que o bailarino teria seu passaporte revogado. Outros foram mais longe e juraram enfiar uma bala "naquela bicha negra", sem o menor pudor em vociferar racismo e homofobia.

A experiência, assustadora para o artista, deu pano para manga: ele foi chamado para apresentar seu solo em outras capitais e tratou dela em sua dissertação de mestrado.[8] Antes de ir embora, Lina foi se despedir de seus alunos no Mocó. Um deles, bem miúdo, abraçou a professora, triste porque um jornal de Teresina havia noticiado que ela seria retirada da

---

8. Luiz Augusto Barbosa (Luiz de Abreu), "A iminência do samba: análise do processo de criação da coreografia *O samba do crioulo doido*", 2016.

direção artística do evento. De volta à Alemanha, a bailarina recebeu mensagens do Itaú Cultural e do Instituto Ayrton Senna com a notícia de que o festival não teria continuidade.

Luiz de Abreu e Lina voltaram para sua cidade, assim como Anne-Marie. Sobrou em São Raimundo Nonato a doutora, que durante muito tempo precisou se defender sozinha das críticas e ironias sobre o acontecimento.

Em 2005 foi realizada uma terceira edição do Interartes – batizada de *Dom Quixote* –, sem a participação de Lina. A bailarina chegou a mandar uma carta para a arqueóloga logo após a repercussão do *Samba do crioulo doido*, mas não obteve resposta. O contato entre elas só seria retomado décadas mais tarde.

COM OS PATROCÍNIOS cortados, a Fumdham interrompeu o festival – o programa de ensino de artes para as crianças, o Pró-Arte Fumdham, foi mantido até 2012. Anos mais tarde, as secretarias estaduais da Cultura e do Turismo voltaram a patrocinar eventos culturais no parque. O Interartes foi rebatizado de Ópera da Pedra Furada, e levou à cidade artistas como Lenine, Maria Gadú, Toni Garrido e Camila

Pitanga, além dos talentos locais, como o Reisado de dona Nenê, a antiga moradora do Zabelê.

A pandemia de covid-19 entrou em cena justamente quando seria realizada uma homenagem para celebrar os cinquenta anos da primeira visita da arqueóloga à região. A estreia de *Ato Niéde*, como foi intitulado o evento, aconteceu com dois anos de atraso, em julho de 2022, com trezentas pessoas envolvidas.

Niéde declinou do convite e avisou que não iria assistir ao espetáculo. Já não tinha ido a São Paulo prestigiar documentário *Niède*,[9] lançado em 2020. "Decidi esquecer o passado", me disse. "Passado pra mim é o da pré-história, não quero assistir ao meu."

Embora a inauguração da escada de sessenta metros de altura – a obra mais recente instalada em 2021 na Serra da Capivara – tenha atraído autoridades, como o ministro do Meio Ambiente e deputados federais e estaduais, a arqueóloga não deu as caras. Quem subia na raça, sem precisar de degraus para alcançar o cume de cânions gigantescos – disse Niéde –, ia se contentar em ver aquela maravilha toda sem poder sair do carro porque agora é uma velha de bengala?

---

9. *Niède* [documentário], direção: Tiago Tambelli, 2019.

Encarar os 114 degraus com o barranco sob os pés dá calafrios, mas a vista panorâmica compensa. Do alto da chapada é possível contemplar o parque, a perder de vista, e sentir a força de suas cadeias de montanhas, cheias de nuances de textura e de cores.

Eleita para a Academia Piauiense de Letras (APL) e a Academia Brasileira de Ciências (ABC), onde pela primeira vez as mulheres são maioria, Niéde participou das solenidades de posse porque foram a distância.

Com a chegada da pandemia Niéde não arredou mais o pé de casa. Por isso, surpreendeu a todos ao mudar de ideia no último momento e aparecer na estreia de *Ato Niéde*. Quando a arqueóloga chegou ao anfiteatro apoiada na bengala e de máscara, para se proteger do vírus, a plateia se levantou e a aplaudiu durante alguns minutos.

No dia seguinte, mandei um e-mail para saber notícias, como tinha sido, como se sentiu. Como de praxe, Niéde foi sucinta e respondeu com uma palavra: "Feliz."

9. NINGUÉM MEXE COM ELAS

AO SAIR DO PARQUE no começo da noite e notar uma das guaritas fechada e sem o vigia, Niéde estranhou e foi procurá-lo no Sítio do Mocó. Encontrou-o num bar. O funcionário estava embriagado, mas não inventou desculpas, tampouco escondeu a garrafa reluzente de cachaça: "Um brinde para a doutora."

A arqueóloga não respondeu. Estendeu a mão para que ele lhe entregasse as chaves da portaria e foi embora.

Sempre atenta, aos poucos descobriu várias atitudes inadequadas dos porteiros. Um costumava se encontrar com amantes e levar bebidas para a guarita, deixando o caminho livre para os caçadores. Outro transformou o local de trabalho em um pardieiro, com cuecas e meias penduradas em um varal improvisado, bem à vista dos turistas. Lá dentro, embalagens vazias no chão e louça suja acumulada na pia com restos de comida. Uma das panelas tinha até lesmas dentro. Ao ser repreendido pela chefe, o sujeito avisou que a ele cabia zelar pela segurança, e, às mulheres, limpar.

Se assear era serviço para as "donas", por que não oferecer a guarita a elas? Não cobrariam para deixar tudo arrumado, usariam o salário para sustentar a prole – não para comprar pinga – e ganhariam independência para se livrar de trastes inúteis.

Mesmo se não tivesse feito nada deliberado para mudar a situação, a simples presença de Niéde, arqueóloga, solteira, sem filhos e ainda por cima em posição de poder, apontava às sertanejas que era possível se libertar do jugo dos homens, muitos deles violentos, e se imaginar ocupando lugares além do lar.

Marian Rodrigues era uma adolescente no início dos anos 1990. Gostava de ler, mas a diretora da escola trancava os parcos livros no armário para que não estragassem. Nem a revista *Nova Escola*, distribuída gratuitamente, podia ser manuseada. "Eu me sentia é revoltada, dava raiva", ela recorda. Um dia, andando na rua, deu de cara com Niéde e correu para "pedir um autógrafo para aquela mulher sabida". Anos mais tarde, Marian conseguiu trabalho nos NACs, diploma em arqueologia, mestrado em Portugal e o posto de chefe do parque.

Aos poucos Niéde foi trocando os homens por mulheres nas guaritas. Naquele tempo, as estradas ainda eram precárias. Um caminhão da Fumdham buscava as funcionárias em casa e as distribuía em duplas em seus postos, onde permaneciam por quinze dias seguidos até serem substituídas.

Raimunda da Silva Paes Landim imaginou que essa seria sua chance de se livrar do marido "cachaçado", a exigir comida quente à mesa e "querendo" quando ela não queria. Quando ela ameaçou ir embora, "ele fez foi rir", conta. "Tinha dia que me pegava à força e me deixava com o olho roxo, eu só fazia era apanhar", acrescenta.

Sua mãe, ciente da situação, aconselhou-a: "Ruim com ele, pior sem ele." Outros parentes diziam que o problema era o "dedo ruim" de Raimunda para escolher marido. Ex-aluna dos NACs, ela procurou uma de suas professoras para saber como se candidatar ao emprego. Mas com crianças pequenas pra cuidar, seria inviável ficar tanto tempo longe de casa e teve que desistir da vaga.

Anos depois, Niéde comprou motos para as funcionárias, descontando parcelas ínfimas dos salários. Motorizadas, não precisavam mais permanecer dias a fio longe de casa. Foi nessa época que Raimunda e Maria de Fátima Paes Landim, duplas na portaria, conseguiram o emprego. "A doutora dizia que mulher nenhuma era obrigada a viver com um homem ruim, que a gente tinha que trabalhar, a gente se agarrou nisso."

Maira Alves, do Novo Zabelê, era menor de idade quando casou com um homem catorze anos mais velho. Aos 30 anos, época em que perdeu o pai, começou a trabalhar numa das portarias do parque, depois foi para a que dá acesso à casa da Niéde. "Me senti segura e dona de mim, isso foi fundamental para eu ter coragem de me separar."

LEVAR A MULHER "no chicote" era algo corriqueiro. Não raro funcionárias apareciam para trabalhar machucadas. Quando ficava a par, Niéde acionava a polícia e armava a maior confusão, até que o agressor fosse prestar contas.

Um dia, quando ainda estava à frente do hotel em São Raimundo Nonato, Girleide soube que uma das moças havia voltado para o sujeito que lhe tascava uns tabefes e ligou indignada para se queixar com a arqueóloga. "Onde já se viu? A gente ajuda num dia, no outro ela volta para casa e apanha de novo. Agora sou eu que vai bater pra ela aprender." Niéde deu um pito na outra. "Girleide, por acaso você acha que as meninas daqui têm força para se defender sozinhas?" A história se repetiu outras vezes, até a moça criar coragem e se separar do marido.

Casada desde os 16 anos "com o mesminho marido", uma sertaneja que pediu para não ser identificada nunca pensou em se separar, porque mulher no Piauí, "se fica viúva, morre viúva". Seu marido, desempregado e contrariado de vê-la arrumada saindo para o trabalho, a empurrou com força, ela caiu e bateu a cabeça.

Niéde convocou dois funcionários grandalhões do Ibama para irem até a casa do casal dar um susto no agressor. Eles o encontraram em casa, de papo para o ar enquanto a mulher trabalhava. Com voz grossa, mandaram o sujeito tomar tenência, e ai dele se levantasse um dedo sequer novamente, o troco viria a galope.

•

O IDEAL, DISSE NIÉDE em um de nossos encontros, seria as sertanejas seguirem a receita atribuída ao folclore francês. "Sabe o que elas fazem se apanham do marido? Moem vidro bem miudinho, misturaram na sopa e servem no jantar."

Reiza Marques de Souza vivia em Dom Inocêncio. A moça estava em casa, cortando carne, quando o marido chegou da rua embriagado. Começou a agredi-la, como de costume, mas às tantas, não satisfeito em dar-lhe chutes, pegou a faca que ela usava e passou a ameaçá-la. Reiza correu para o quintal e, ao vê-lo se aproximar, defendeu-se com um machado, dando-lhe um golpe na cabeça. O marido caiu morto; ela, atrás das grades. Como na sua cidade não existia delegacia, foi encaminhada a São Raimundo Nonato, obrigada a deixar os filhos sozinhos, e passou a dividir a única cela disponível com outros homens.

Ao saber do ocorrido, Niéde contatou o advogado da Fumdham e pediu à pedagoga Deolinda Ruben de Macedo, colaboradora de inúmeros projetos da Fumdham, que fosse à delegacia checar o estado em que estava a moça. Chegando lá, Deolinda encontrou o doutor Isaías examinando um dos presos e lhe explicou a situação. O médico prometeu ajudar, afinal, como deixar de atender um desejo da doutora?

O advogado apontou ser ilegal e um risco para a integridade da ré mantê-la no mesmo espaço que os detentos homens. Na inexistência de uma prisão feminina, acordaram que Reiza fosse transferida para a clínica do doutor Isaías, uma maneira de protegê-la e cuidar de seus ferimentos, resultados das tascas do marido.

Niéde queria conhecer a moça e, junto com Deolinda, foi a pé até a delegacia para acompanhar a movimentação. Ao ver Reiza, algemada, caminhando até o carro de polícia, a arqueóloga se aproximou. "Estamos cuidando do seu caso. Quando você for solta, me procura, que vejo o que posso fazer."

IVANI DE JESUS SOUZA RAMOS, a Docha, viúva com três filhos, cuidava de uma das guaritas principais. Sua casa, em Coronel José Dias, era decorada com desenhos a lápis que tentavam reproduzir os traços pré-históricos dos paredões. Tudo ia muito bem, não fossem as rusgas com seu irmão, José Alves. Mesmo com suas negativas e tendo sido pego no pulo duas vezes caçando na área protegida, o homem continuava a insistir para que a irmã o deixasse entrar escondido.

Ao abrir a cancela para o biólogo Isaac Simão, então chefe do parque, Docha pediu ajuda. Era manhã de 16 de novembro de 2001. Simão sabia que controlar os invasores era uma batalha constante, muitas vezes perdida. Não fazia muito tempo, ele havia encontrado pegadas no solo, sinal da presença de caçadores. Chamou reforço e se embrenhou no mato atrás dos penetras. Encontrou-os na madrugada do dia seguinte, mas já era tarde demais. Dois caçadores tinham aos seus pés, morta, uma mixila, como são chamados os tamanduás-mirins na região. No peito do bicho, dois filhotes tentavam mamar.[1]

Simão foi atrás do rapaz explicar pela enésima vez que a caça era proibida. No começo da noite, José voltou ao parque. Entrou na guarita da irmã com um facão e uma espingarda calibre 12 mm, esfaqueou-a várias vezes no rosto e nos braços. Antes de ir embora, disparou um tiro nas costas dela e fugiu. Mais tarde, foi visto na mesa de um bar de Coronel José Dias, onde narrou o crime e avisou que Niéde e Simão seriam as próximas vítimas.[2]

A polícia foi à casa da mãe de Docha procurar o assassino e ouviu da mulher que a filha "tinha feito

---

1. Isaac Simão, "As vidas do Parque Nacional da Serra da Capivara", *((o))eco*, 18 jun. 2017.
2. Liana John, "Ameaças de morte em parque do Piauí", *O Estado de S. Paulo*, Geral, 23 jan. 2002, p. A12.

por merecer".[3] A arqueóloga usou a rádio local para oferecer recompensa a quem o capturasse. Três dias depois, Alves se apresentou, confessou o crime e foi preso.

Na entrada da portaria onde foi assassinada, sobre um cacto florido, há uma placa para que ninguém esqueça Docha: "Homenagem à funcionária Ivani de Jesus Sousa Ramos, morta defendendo o Parque Nacional Serra da Capivara."

O TELEFONE DE NIÉDE tocou numa madrugada de 2005. Do outro lado da linha, a voz de um homem ameaçou incendiar sua casa e o museu caso ela continuasse a impedi-lo de caçar. Outros juramentos de morte chegavam através de bilhetes e de relatos de funcionários que ficavam sabendo e iam alertá-la.

O advogado da Fumdham, Joaquim Almeida, solicitou segurança à Polícia Federal, mas Niéde não se convenceu. Naquela região remota, como em tantas outras do país, o poder público mal se faz presente.[4] Além do mais, ela aprendera uma lição

---

3. Isaac Simão, *op. cit.*
4. "Niède Guidon", *Programa Roda Viva*, 29 set. 2014.

com seu avô: "Se alguém te apontar uma arma, pule em cima, porque, se você virar e correr, vai receber um tiro nas costas e vai morrer com a vergonha de morrer fugindo."[5]

Como precaução, a arqueóloga deixou seus cachorros na casa de amigos e foi à rádio propor um duelo. Convocou o "esperto" para resolver a questão feito homem, não como um covarde.

OS ALVOS PREDILETOS dos caçadores eram os veados, tamanduás e tatus, estes últimos símbolos da Copa do Mundo de futebol de 2014. Os animais até hoje são vendidos como tira-gosto em bares e festas de políticos da região, que, segundo Niéde, sempre mexeram os pauzinhos para livrar a cara dos infratores.

A equipe da Fumdham encontrou certa vez um homem com 23 tatus, dos quais dezenove eram fêmeas prenhas. O caçador receberia R$ 100 a cada um que vendesse. Uma das estratégias adotadas por

---

[5]. Nara Madeira, Elton Viana, Saul Lemos *et al.*, "Niède Guidon: memórias pintadas na pedra ou um olhar para o passado, presente e futuro", *Revista Entrevista*, 2000, p. 109.

Niéde para lidar com a situação foi contratar caçadores como guardas do parque, mas não funcionou com todos.

A CAÇA PROVOCA desequilíbrio ambiental, além de colocar em risco a extinção dessas espécies. O tamanduá, por exemplo, é predador natural de formigas e cupins. Na falta dos papa-formigas, os insetos proliferam e danificam os sítios. Marcia Chame penava para concluir suas pesquisas sobre a fauna da região. Num dia observava um animal, no outro, não o encontrava mais, pois "já tinha ido para a panela de alguém".[6]

Produtores de cal também queriam tirar Niéde de circulação, pois ela se colocava à frente para impedi-los de extrair madeiras que seriam queimadas em fornos para a produção do pó branco, atividade que também comprometia as pinturas dos sítios. Foi por essa razão que o maior explorador de calcário da região teria dito a seus funcionários que sua vontade era contratar um matador de Goiás para dar cabo da doutora.

A arqueóloga decidiu agir como os velhos coronéis. Primeiro voltou à rádio para um anúncio

---

6. Solange Bastos, *O paraíso é no Piauí: a descoberta da arqueóloga Niède Guidon*, 2010.

insólito: "Quem quiser ver minha morte, compareça ao município Coronel José Dias", data, horário e endereço tal. Um grupo de moradores despencou até lá para assistir à cena de camarote.[7]

Acompanhada de uma comitiva que incluía dois policiais contratados por ela, o jornalista e fotógrafo André Pessoa e alguns mateiros de confiança, Niéde bateu à porta do suposto mandante do crime. Quando o sujeito apareceu, a arqueóloga comunicou que estava a par de seus planos e não duvidava que teria êxito. Por isso, havia se antecipado e contratado um assassino profissional para vingá-la, se preciso fosse.

Nesse momento, Niéde fez uma pausa, sacou do bolso o extrato de uma conta que mantinha fora do país para explicar que, com aquela quantia, o matador se prontificava a liquidar não apenas ele, mas toda a sua família. Colocou novamente a mão na algibeira da calça e perguntou quanto ele cobrava pelo terreno. Comprar terras para evitar exploração predatória tinha se tornado algo frequente. Guardou a arma ban-

---

[7]. Niéde Guidon conta essa história de formas diferentes, uma delas é no *Programa Roda Viva*, 29 set. 2014, disponível em: <www.youtube.com/watch?v=AXa2e5AcU0E>.

cária, deu as costas e saiu cantando pneu. Desse dia em diante, nunca mais foi importunada pelo político, que, ao vê-la na rua, passou a chamá-la de "doutora".

O PARQUE CHEGOU a contar com 28 guaritas, tendo duas mulheres em cada posto. Com a constante falta de verba, a maior parte foi fechada. No auge da crise, em 2016, ficou com apenas seis em funcionamento. Em 2017, caçadores invadiram uma das áreas fechadas para visitação e atiraram em três vigias. Um deles morreu. As mulheres que ainda se mantêm no trabalho continuam sendo ameaçadas.

Niéde não se comoveu com o tributo feito à Serra da Capivara na cerimônia de encerramento dos Jogos Olímpicos no Rio de Janeiro, em 2016. "Muita festa e pouco recurso", disse. "Quero é dinheiro para manter o parque funcionando."[8] No carnaval de 1996, a Beija-Flor levou a história da Serra da Capivara para a avenida, com o samba-enredo "Aurora do povo brasileiro". Mas o reconhecimento também não se reverteu em receitas para a região. Recentemente, o parque ganhou apoio da Companhia do Comando

---

8. "'Não quero homenagem, eu quero é dinheiro para o parque', diz Niède", *Cidade Verde*, 22 ago. 2016.

de Policiamento Ambiental (CPA). Logo de cara, a CPA apreendeu mais de 150 animais que estavam sendo comercializados ilegalmente em São Raimundo Nonato, incluindo dezenas de espécimes ameaçados de extinção, como o tatu-bola e os pássaros jacu-de-barriga-castanha e bicudo-verdadeiro.[9]

Nos últimos tempos, as mulheres das guaritas têm sentido falta das visitas constantes da doutora, que passava de carro com seus cachorros para saber como elas estavam, bater papo ou levar panetone de fim de ano. Para elas, o parque não é mais o mesmo. "Se a gente pudesse", disse Maria Paes Landim, "teria congelado a doutora pra ela não envelhecer."

---

9. Lucas Marreiros, "Operação apreende mais de 150 animais no Sul do Piauí; 25 estão ameaçados de extinção", *Portal G1 Piauí*, 23 ago. 2019.

10. LUSCO-FUSCO

"SAI, BICHO BESTA", diz Niéde, agitando a mão no ar para espantar uma mosca. "Basta chuviscar para estas pragas surgirem aos montes", explica. Quando a impertinente pousa em seu braço, a arqueóloga lasca-lhe um tapa, o bicho escapa e ela acerta a própria pele.

"Isabela, Isabela." A empregada não tarda a acudir: "Oi, doutora." "Por favor, acende a luz de atrair mosquitos." "Posso fechar a porta?" "Pode, vou liga o ar", avisa Niéde, apertando o botão do controle remoto.

Antes de ir embora, Isabela encara a patroa e franze o cenho. A manga em cubos, que lhe trouxe mais cedo, está praticamente intacta.

"Tenho que ficar no pé", explica a empregada.

"Tô comendo, tô comendo", obedece a patroa. Espeta mais um pedaço da fruta e cochicha: "Isabela fica brava, diz que assim vou morrer. Mas na minha idade já não se tem tanta fome", justifica, levando, enfim, o garfo à boca.

ANNE-MARIE é outra sempre a cuidar de Niéde, encarando-a por meio das fotos espalhadas na sala – como aquela em que aparece sorrindo com um macaco-prego pendurado no ombro e outro nas costas –, ou por telefone, como fez num dia em que eu estava lá.

"*C'est pas possible!*", exclamou furiosa, numa chamada que Niéde deixou no viva-voz para escutar melhor. "*Je suis bien claire? Je ne peux pas faire des exceptions.*"[1]

Pouco antes de ligar, Anne-Marie havia sido avisada por uma funcionária da Fumdham de que Niéde recebia em sua casa uma escritora de São Paulo, no caso eu, bem ali, ouvindo tudo.

Embora a conversa tenha sido toda em francês, a mensagem era clara. Onde já se viu Niéde se expor

---

1. "Não é possível! Fui clara? Não posso abrir exceção."

assim? Para a diretora da Fumdham, ela não deveria abrir exceções, nem que eu fosse francesa, ainda mais sem comunicar-lhe antes. Era melhor interromper as conversas imediatamente. "*D'accord, d'accord*", concordava Niéde, rindo de soslaio quando meu nome era pronunciado. Após desligar, Niéde disse para eu ficar tranquila e visitá-la quando quisesse. "Anne-Marie é um pessoa muito séria. Acha que tem que me proteger", justificou.

ISABELA TRAZ numa bandeja vinho do porto Taylor's, branco e gelado. O gato aproveita a porta aberta e se acomoda numa nesga de sol.

"O Gaton virou o dono da casa", observa Niéde, dando enfim um nome para o bicho.

"Doutora", diz Isabela, colocando as taças sobre a mesa. "A senhora esqueceu da doação para a mulher que cuida dos animais abandonados."

"Pode deixar, mando mais tarde", avisa Niéde.

"Melhor agora", insiste a outra.

Niéde reclama, mas faz a vontade de Isabela, que coloca o prato de manga vazio na bandeja e se afasta.

"Quero morrer tranquila. Antes disso, tomar meu vinho e chegar a grã-mestre na paciência", diz a arqueóloga, antes de degustar o primeiro gole do aperitivo. Devolve o cálice à mesa e, sem soltá-lo, prossegue: "Aproveitei bem a vida, não tenho saudade de nada. Agora, não quero mais saber do passado, o passado passou e pronto."

SILVIA MARANCA, mignon e octogenária, em tratamento de câncer, voz rouca de quem fuma há décadas, também perdeu o interesse pelo tempo pretérito. O foco da cientista que abraçou o projeto de Niéde no Piauí desde o início é o que virá após a última tragada: "Vale a pena levar os óculos para o além? Existe o além?", costuma conjecturar, fazendo blague para driblar o medo. "Se eu doar meus olhos, como vou ler? Mas será que tem livros lá em cima? E se eu for mandada lá para baixo?"

Silvia vive sozinha em um apartamento na Vila Madalena, bairro boêmio de São Paulo, e tem crises horríveis só de imaginar o fim. Quando a conheci, durante a pandemia de covid–19, acordava aos sobressaltos e só se acalmava quando a moça que trabalhava em sua casa girava a chave na fechadura. Como estratégia para não sucumbir à paúra, agravada pela peste e pelo isolamento, começou a estudar russo e a compor uma ode à Serra da Capivara, em memória aos tempos de expedição. Ainda não se convence quando Niéde diz não temer a morte. Para Silvia, o estoicismo exacerbado da amiga foi uma maneira que ela encontrou de aguentar os trancos. "Impossível alguém não ter medo de nada."

Niéde mandou duas mensagens à amiga e se afligiu com a falta de resposta. Não sabia que o computador dela tinha pifado. Com as primeiras doses de vacina no braço e uma trégua do vírus, Silvia criou coragem, chamou um técnico para consertar o aparelho e as duas voltaram a se corresponder.

A arqueóloga se arvora de não temer a própria morte, mas se apavora como o fim das pessoas mais diletas. A ideia de Nivaldo sucumbir ao vírus lhe causou desassossego. Em um intervalo de dois meses, o antigo mateiro perdeu a companheira Carmelita e um dos filhos para a covid. O sertanejo resistiu. Prestes a completar 90 anos, o "doutor *honoris causa*", como lhe outorgou Niéde, ainda ostenta o bigode, agora ralo e branco, e mora com a filha Tetela na mesma casa de sempre, com o juazeiro frondoso na frente e apinhada de vestígios da amizade com a doutora – da antiga sanfona vermelha no baú às fotos em uma caixa.

Nivaldo aprendeu a andar de moto aos 50 anos. Até pouco tempo atrás, dava expediente na fábrica de cerâmica, moldando copos, pratos, jarras e xícaras.

Desde que se aposentou, não faz muita coisa, a não ser aulas de Pilates, e, de vez em quando, dá uma palhinha como músico, para quem aparece. Ora tamborila um pandeiro, ora se esforça para abrir e fechar o fole de uma sanfona mais velhinha. Mas o artista pode desistir da modinha, de Tetela e da visita, e cair no sono ali mesmo, sem cerimônia.

A ÚLTIMA VEZ QUE a arqueóloga se reuniu com os mateiros foi na inauguração do Museu da Natureza, em 2018, antes de o vírus assolar o mundo. Os pesquisadores da Fumdham homenagearam os antigos guias, oferecendo a cada um o título de mateiro honorário. Um jornal local relatou um raro flagrante: a arqueóloga com olhos marejados.[2] Nivaldo tem suas dúvidas, e as revela rindo: "Se chorou, foi é escondido, não vi, não."

Quase todos os mateiros que compareceram já se foram. Joãozinho da Borda continua firme. "O povo fica até impressionado como alembro bem das coisas", costuma se gabar. Depois de mais de meio século com a mesma mulher, um dia, "do nada, o capeta

---

2. André Pessoa, "Museu da Natureza reconhece mateiros da Serra da Capivara", *Meio Norte*, 29 dez. 2018.

tomou o corpo dela", quebrou prato, porta e o enxotou de casa. "Agora sou eu mais Deus." Na despedida, pediu que eu entregasse um recado para a doutora: "Diga que ando troncho de saudades."

"JOÃOZINHO DA BORDA?", pergunta Niéde, ao se inteirar das notícias. "Joãozinho da Borda", repete mais uma vez, na esperança de evocar um rosto à alcunha. Desiste, passa a observar Frida e Chloé correndo no quintal, e então acrescenta: "Estou esquecendo tudo. Daqui a pouco não vou lembrar nem meu nome."

Buscar rastros do passado exige paciência. É preciso cavar a superfície, aproximar-se lentamente de camadas mais profundas, até encontrar os vestígios e trazê-los à tona. Alguns, sob muralha e guarda feroz de amigos, parecem impossíveis de acessar, outros, soterrados nos arquivos da prateleira mais baixa da estante de livros de Niéde, estão bem ali, à mão. Nossos antepassados bem que podiam ter facilitado a vida da cientista.

Iniciamos a expedição. Sem a flexibilidade de outrora, a arqueóloga pede que eu alcance as pastas. Leio alto o que dizem as etiquetas de cada uma: *Aeroporto*; *Coronel José Dias*; *Documentos variados*; *Documentos pessoais*; *Fotos*.

De volta à mesa, lupa a postos, Niéde abre o elástico da pasta de fotos e as traz à tona aleatoriamente. O primeiro a saltar, bonachão e sorridente, é o tio Gustavo: "Meu preferido, nunca casou e adorava ópera." A ele seguem a arqueóloga com algumas de suas primas; ela criança, 1 ano e 7 meses, como anotado no verso do retrato; de sobretudo e cachecol passeando com a cachorrinha Chloé; e outra com o irmão mais velho, Gilberto. Dos quatro irmãos, apenas um está vivo, do segundo casamento do pai. De vez em quando, alguém da família dá sinal de vida, mas é raro.

"Olha aqui meu pai com a mulher dele. A vida ficou terrível com esta senhora", diz, segurando a foto com a ponta dos dedos, como se quisesse mantê-la distante. Sob as ordens da nova madame Guidon, as crianças tiveram que fazer a primeira comunhão, ir à missa aos domingos, confessar e comungar. "O padre dizia 'corpo de Cristo', aí eu mastigava a hóstia para ver se saía sangue."

Quando a segunda mulher do pai morreu de tifo, Niéde foi estudar em um colégio interno, em Campinas; tinha por volta de 14 anos. Aos 18, entrou na USP, mudou-se para São Paulo, arranjou trabalho no setor de assistência social do Hospital das Clínicas. "Eu disse para o meu pai: 'Vou morar sozinha. Se o senhor estiver de acordo, ótimo. Senão, não vai me ver nunca mais.'"

Ernesto a conhecia bem e, embora o desejo da filha fosse algo inusitado para uma mulher nos anos 1950, aceitou. "Desde essa idade sou eu que tomo conta da minha vida."

A arqueóloga coloca a madrasta de castigo, com a imagem virada para a mesa, e conta que todos os seus irmãos se casaram na igreja e tiveram filhos, menos ela. "Acho que puxei a minha mãe. Ela nunca ligou para o que os outros pensavam", diz Niéde, revirando rostos e cenários desbotados da pasta, até encontrar Cândida Viana de Oliveira Guidon. E como se equilibrasse uma porcelana delicada na palma da mão, estende o braço para que eu aprecie sua mãe. Olhos amendoados, cabelo crespo, corte chanel, altiva, olha para alguém ao lado do quadro. Sem soltá-la, pergunta, orgulhosa: "Que mulher, nos anos 20, teria a coragem de fugir para morar com um homem sem ser casada?"

Seu avô materno era descendente de português; a avó, indígena, pertencente ao povo kaingang, um dos mais numerosos do Brasil. O avô raptou a avó de sua comunidade e a rebatizou de Bertolina. "Não sentava à mesa, comia no prato dela no fundo da cozinha. À tarde, ia para um rio e tirava a roupa para nadar."

O avô paterno era francês, a avó, italiana. Ernesto, pai de Niéde, nasceu na região montanhosa dos Alpes italianos, em Savoia, na fronteira entre Itália, França e Suíça. A família imigrou para o Brasil e se fixou em Jaú, no interior de São Paulo. Seu avô abriu uma empresa de importação e exportação que trazia vinho, azeite de oliva e outros produtos considerados requintados no Brasil da época.

O estabelecimento ficava ao lado da escola primária onde sua mãe dava aulas, e foi assim que seus pais se conheceram. O avô materno foi contra a união da filha com um estrangeiro. "Sabe o que ela fez? Pegou meu pai e foi com ele para São Paulo", conta, acomodando Cândida sobre a mesa para examiná-la melhor com a lupa.

Passados três anos, os dois voltaram para Jaú. Resignado, o avô materno recebeu o casal, mas insistiu para que Cândida casasse como manda o figurino. Foi feita sua vontade. Niéde, a única filha mulher, nasceu no dia 12 de março de 1933, seis anos depois de Gilberto. Com o avô francês, a menina aprendeu

"La Marseillaise". "Canta", pedia à neta, colocando-a sobre a mesa e prometendo uma moeda de 400 réis.[3]

Os dois primeiros filhos de Cândida e Ernesto nasceram no hospital; o terceiro, em casa. Cândida morreu no parto, realizado no dia 5 de abril de 1939, como informa a certidão de óbito amarelada sobre a mesa. Niéde tinha 6 anos. O pai educou a prole à moda europeia. Proibia a empregada de fazer a cama das crianças e exigia que todos aprendessem a cozinhar. "Ninguém pode comandar se não sabe fazer", ensinava.[4]

Ernesto a visitou em São Raimundo Nonato apenas uma vez, e a filha o levou para conhecer o parque. "Meu pai morreu aos 92 anos. Sabe do quê?", pergunta. "Não foi por doença. Caiu no banho, quebrou uma costela e furou o pulmão."

Candinho, como se refere ao caçula por parte de mãe, morreu aos 28 anos. "Jovem, né? E assim vai a vida", atesta.

"Uma das coisas que mais me doem na vida é a morte dos meus amigos, uma tristeza terrível",

---

[3]. "O casamento de Niède" [depoimento], Museu da Pessoa, 17 mar. 2008.
[4]. Nara Madeira, Elton Viana, Saul Lemos *et al.*, "Niède Guidon: memórias pintadas na pedra ou um olhar para o passado, presente e futuro", *Revista Entrevista*, 2000, p. 86.

diz Niéde, na sala agora mais fresca e sem moscas. "Na França não tenho mais ninguém, já se foram todos."

Numa das imagens, a arqueóloga aparece ao lado de um grupo de seis colegas, dentre elas a francesa Andrei, blusa preta com botões miúdos fechados até o pescoço, a única de cabeça baixa, sem encarar a câmera.

"Foi uma das minhas melhores amigas", diz Niéde, pegando a lupa sobre a mesa e aproximando o olho da lente. "Andrei adorava a cidade, a poluição, não gostava do mato nem do silêncio. Não bebia, não dirigia, comia sempre a mesma coisa, não era como eu, que estava sempre mudando, que só fiz besteira", diz. Em seguida, recolhe os pedacinhos de vida esparramados sobre a mesa e os confina dentro da pasta: "Já viu bastante, chega."

Que tipo de besteira?

"Ah", emite, como se tivesse muitas palavras na boca prestes a se revelarem, mas cala-se de repente, pousando o olhar num ponto distante. "Todas as besteiras", responde. Fica novamente em silêncio, e então repete. "Todas."

"O parque?"

"É. Eu tinha uma vida tranquila. Vim para cá para trabalhar que nem uma imbecil, pra quê?"

O GATO SALTA do sofá e circula pela sala. Niéde estende a mão, esfrega o dedo indicador no dedão. "Vem cá, Gaton." O felino se aproxima, mas se esquiva antes que ela consiga alisar seu pelo. "Não quer mais saber de mim?", indaga.

Seu temor, diz, após o bicho desprezá-la e se enfiar debaixo da mesa, é que, sem manutenção constante e sem financiamento garantido, tudo tenha sido em vão. A preservação do parque sempre dependeu muito do *lobby* da arqueóloga e de uma luta constante. Feito Sísifo, condenado a rolar uma pedra montanha acima por toda a eternidade, pois, sempre que alcançava o topo, a pedra rolava morro abaixo novamente.

UM CONJUNTO DE fatores naturais de degradação, como intemperismo – processos mecânicos, químicos e biológicos –, ninhos de insetos e vegetação, podem afetar progressivamente os sítios arqueológicos, até o ponto de destruí-los. A urina ácida dos mocós – roedores em número cada vez maior na Serra da Capivara, por causa da diminuição de seus predadores, explica a arqueóloga – coloca em risco os desenhos dos paredões, isso sem citar o mau cheiro. Numa entrevista no programa *Roda Viva*, em 2014, o jornalista Bernardo Esteves perguntou se o parque era dependente de Niéde. "Não", respondeu ela. "Mas quem está disposto a esta briga cotidiana? É um estresse muito grande, ir a Brasília, briga aqui, briga lá."

Marcia Chame, diretora científica da Fumdham, e outros pesquisadores do Piauí têm assumido a frente dessa briga. A mais recente, contra a autorização do ICMBio para que fosse instalada uma fazenda na região do corredor ecológico, criado em 2005 pelo governo e situado entre o Parque Nacional Serra da Capivara e o da Serra das Confusões. O corredor permite o trânsito dos animais entre as duas áreas, especialmente durante a seca. O impacto seria devastador: afetaria os sítios ecológicos, as plantas nativas, a produção de mel, o solo, o abastecimento de água e o turismo, acarretando consequências para o ecossistema.

A caatinga, com grande valor estratégico, tem muito a ensinar sobre resistência e adaptação, ainda mais no momento de ameaça de colapso ambiental, com previsões apontando que o planeta enfrentará eventos extremos, como secas prolongadas.

"Com o tempo, o patrimônio histórico da humanidade vai desaparecer, vai tudo desaparecer", lamenta Niéde, antes de mais um gole de vinho. "Agora não está mais nas minhas mãos."

"Doutora", diz Isabela, entrando na sala. Fecha rapidamente a porta para que os cães não invadam, e prossegue: "A moça mandou agradecer. Disse que já está indo comprar a ração para os 52 bichinhos que ela tem em casa."

Muita gente acha que o parque não resistirá sem a supervisão férrea de sua guardiã. A preocupação maior de Isabela, porém, parece ser outra: o destino dos animais quando a doutora faltar, afinal, mantê-los é custoso e demanda cacife. "Você já andou na cidade? Os bichinhos, tadinhos, passando fome, e os que não tiverem dono a prefeita vai mandar sacrificar", relata, condoída. Após se certificar de que ninguém quer mais vinho, sai com as taças vazias.

ISABELA ACENDE o fogão a lenha na varanda para preparar uma galinhada. Depois de um tempo a observar a chama e a fumaça, Niéde diz: "Já se foram todos. Um dia desses sou eu também que vou embora. Não tenho medo de morrer, o normal é morrer. Não quero morrer doente."

"Como acha que será lembrada?"

"Espero que esqueçam logo de mim", avisa, e então complementa: "Niéde Guidon, arqueóloga e ponto."

Isabela pergunta lá de fora se vou voltar com o mototáxi de sua sobrinha. A moto, como me explicou Aline na vinda, tinha sido um presente de Niéde, uma maneira de garantir que ela pudesse levar a filha diariamente à escola.

"De mototáxi?", provoca Niéde, apontando para o céu com prenúncio de toró. "É capaz de você ir antes de mim."

O AROMA DA COMIDA no fogo aos poucos inunda a casa e atiça os cães, todos abanando o rabo para comover Isabela a lhes dar um naco.

"Está pensando em quê?", pergunta Niéde.

"No que tem na outra pasta", respondo.

"Você sabe tudo de mim e eu não sei nada de você", diz ela, abrindo o arquivo "Documentos pessoais".

Depois do diploma do curso de história natural, de 1958, da carteirinha da Sorbonne e de um texto distribuído na missa de sétimo dia de morte de Giácomo Guidon, o tio Giacolim, vem à tona um registro que faz sorrir. Niéde alisa a folha, leva-a para mais perto do rosto e, de maneira compassada, lê em voz alta o codicilo, um texto oficial no qual deixa orientações para o seu funeral.

"Não quero que seja feito velório. Não quero que nenhum representante de nenhuma religião seja chamado, ou que seja realizada missa ou cerimônia. Se algum padre ou ministro se apresentar, não vai ser permitido que ele chegue até meu corpo."

Levanta os olhos, estuda minha reação e volta ao texto, agora referindo-se a si mesma em terceira pessoa: "Se sua morte ocorrer no Piauí, não quer ser enterrada nem cremada. Que seja o seu corpo levado até o Parque Nacional Serra da Capivara e deixado sobre..." Faz uma pausa, espreme os olhos para entender o que está escrito e então continua: "...sobre o solo rochoso da Toca do Caboclo, uma homenagem aos primeiros povos que aqui viveram. Se sua morte ocorrer fora do Piauí, deseja ser cremada e que suas cinzas sejam jogadas no mar."

Dobra o papel e o coloca de volta na pasta. "Todo mundo diz que não posso fazer isso", queixa-se. Na sequência, revela já ter um plano para lograr seu intento. "Então, se eu sentir que vou morrer, vou para o parque e fico lá. Aí os bichos me comem. Pelo menos assim eu sirvo para alguma coisa."

AGRADECIMENTOS

QUANDO JOSELIA AGUIAR me convidou a participar desta coleção, aceitei no ato. Sabia de sua competência profissional. No processo, descobri outra, a de parteira a segurar minha mão para colocar este livro no mundo.

Letícia Féres, pela sensibilidade na edição do texto, e Livia Vianna, que tornou tudo possível.

Os arqueólogos André Strauss, Walter Neves e Ximena Villagran, o advogado Maurício Guetta, as biólogas Nurit Bensusan e Marcia Chame e os jornalistas Marcelo Leite e Reinaldo José Lopes, que me ajudaram a entender melhor alguns temas e, espero, a desviar de muitos erros.

Adma, minha mãe, mestre em contar histórias e a emendar uma na outra sem nunca terminar.

Miguel, meu pai, e Olinda, minha avó, por viverem em mim.

Helena, Antônio, Márcio, Fernando e Marcelo, meus irmãos. Com eles aprendi que é preciso correr na vida para garantir um naco de chocolate, mas também que o doce ganha sabor quando dividido.

Ricardo Balthazar, meu amor, primeiro leitor e muso na profissão; Júlia e Laura, nossas filhas, parceiras em tudo.

Célia de Gouvêa Franco, que me fez estrear tardiamente no jornalismo; Robinson Borges, que tive a sorte de ter como primeiro editor; e Patrícia Campos Mello, amiga inspiração, que estava por perto quando tudo isso aconteceu.

Martim Landgraf e Francisco Farah, pela torcida desde o início.

André Resende, Arnaldo Galvão, Cecy Himmelstein, Daniel Aith, Daniela Teperman, David e Rosa Friedlander, Debora Martins, Ieda Abbud, Luciana Barreira, Márcia Cunha, pela amizade e pelas dicas.

Sabrina Freire e Valéria Sandrim, pela companhia num pedaço da viagem no Piauí.

Erica Fraga e Matias Granata, pelo escritório praieiro na reta final do livro.

E um agradecimento especial a Niéde Guidon e todas as pessoas que dividiram suas histórias comigo.

BIBLIOGRAFIA

LIVROS

BASTOS, Solange. *O paraíso é no Piauí: a descoberta da arqueóloga Nième Guidon*. Rio de Janeiro: Família Bastos Editora, 2010.
CARDOSO, Fernando Henrique. *Diários da Presidência, 1999-2000*. São Paulo: Companhia das Letras, 2017.
CARMO, Lina do. *Corpo do mundo: criações, raízes e caminhos improváveis na poética do movimento*. [S.l.]: Livros Ilimitados, 2015.
DEWAR, Elaine. *Bones: Discovering the First Americans* [*Ossos: descobrindo os primeiros americanos*]. Nova York: Carroll & Graf Publishers, 2001.
LOPES, Reinaldo José. *1499: o Brasil antes de Cabral*. Rio de Janeiro: HarperCollins Brasil, 2017.
MARANCA, Silvia. *O outro lado da pesquisa arqueológica da Fundação Museu do Homem Americano: suas origens* [diário], 2002.

MELTZER, David J. *First Peoples in a New World: Colonizing Ice Age America* [Primeiros povos em um Novo Mundo: colonizando a América da Era do Gelo]. Berkeley: University of California Press, 2010.

PESSIS, Anne-Marie. *Imagens da Pré-História. Parque Nacional Serra da Capivara. [Images de la Préhistorie; Images from Pre-History]*. [S./l.], Fumdham/Petrobras, 2003.

ARTIGOS

"A TARZAN do sertão", *O Globo*, Caderno Ela, 11 set. 2004, p. 1.

"ANTROPÓLOGA americana contesta os vestígios de 300 mil anos na Bahia", *Folha de S.Paulo*, 17 dez. 1986, p. A17.

BAHN, Paul G. "50,000-year-old Americans of Pedra Furada" [Americanos de 50 mil anos da Pedra Furada], *Nature*, n. 362, 1993, pp. 114–115.

BOËDA, Eric; CLEMENTE-CONTE, Ignacio; FONTUGNE, Michel; LAHAYE, Christelle *et al*. "A New Late Pleistocene Archaeological Sequence in South America: The Vale da Pedra Furada (Piauí, Brazil)" [Uma nova sequência arqueológica do Pleistoceno Superior na América do Sul: o Vale da Pedra Furada (Piauí, Brasil)], *Antiquity*, v. 88, n. 341, set. 2014, pp. 927–941.

BOËDA, Eric; LAHAYE, Christelle; FELICE, Gisele Daltrini; GUIDON, Niéde; *et al*. "The Peopling of South America: Expanding the Evidence" [O povoamento da América do Sul: ampliando as evidências], *Antiquity*, v. 88, n. 341, set. 2014, pp. 954–955.

BROOKE, James. "Ancient Find, But How Ancient?", *The New York Times*, 17 abr. 1990, Section C, p. 1. Disponível em: <www.www.nytimes.com/1990/04/17/science/ancient-find--but-how-ancient.html>. Acesso em: 9 mar. 2023.

BUCO, Cristiane de Andrade. "O caso da Serra da Capivara, vinte anos de socialização do conhecimento através da arte-educação", *Revista Alter Ibi*, 2014.

CÂMARA, Rafael Sette. "A Serra da Capivara e os verdadeiros descobridores do Brasil", *360 Meridianos*, [s.l.], 6 abr. 2019. Disponível em: <www.360meridianos.com/especial/serra-da-capivara>. Acesso em: 9 mar. 2023.

CAPOZZOLI, Ulisses. "Piauí guarda segredos do homem americano", *O Estado de S. Paulo*, Especial Domingo, 22 out. 1995a, p. D2.

_____. "Arqueóloga luta para preservar monumento", *O Estado de S. Paulo*, Especial Domingo, 22 out. 1995b, p. D4.

CARAZZAI, Estelita Hass. "Área ainda tem sítios a serem descobertos", *Folha de S.Paulo*, Cotidiano, 21 ago. 2016, p. 5.

CARVALHO, Flávio de. "Piauí encontra homem de 41.500 anos", *O Estado de S. Paulo*, Ciência e Tecnologia, 1º out. 1988, p. 10.

CARVALHO, Isabele; VILLA REAL, B. "Niède Guidon: arqueologia com preocupação social", Agência Câmara de Notícias, 29 jun. 2007. Disponível em: <www.camara.leg.br/noticias/102433-niede->. Acesso em: 9 mar. 2023.

"CAVERNA revela vida pré-histórica no NE", *O Estado de S. Paulo*, Noticiário Geral, 20 jun. 1986, p. 7.

COTES, Marcial Cotes; ERLER, Daiany Mara; SCHIAVETTI, Alexandre; NASCIMENTO, Juarez Vieira do. "El legado de Niède Guidon en el semiárido brasileño: la percepción de guías de visitantes del Parque Nacional Serra da Capivara" [O legado de Niède Guidon no semiárido brasileiro: a percepção de condutores de visitantes do Parque Nacional Serra da Capivara], *Antípoda. Revista de Antropología y Arqueología*, n. 42, pp. 179-204, 2021. Disponível em: <revistas.uniandes.edu.co/index.php/antipoda/article/view/2138>. Acesso em: 9 mar. 2023.

DILLEHAY, Tom. "The Battle of Monte Verde" [A batalha de Monte Verde], *The Sciences*, jan./fev. 1997, pp. 28-33.

_____. "Standards and Expectations" [Padrões e expectativas], *Antiquity*, v. 88, n. 341, set. 2014, pp. 941-942.

"ESCAVAÇÃO no Piauí leva a homem de 32 mil anos", *O Globo*, O País, 25 jun. 1986, p. 5.

ESTEVES, Bernardo. "Os seixos da discórdia", *piauí*, ed. 88, jan. 2014. Disponível em: <www.piaui.folha.uol.com.br/materia/os-seixos-da-discordia/>. Acesso em: 9 mar. 2023.

_____. "Ibéria ou Sibéria?", *piauí*, ed. online, 29 jan. 2014 Disponível em: <www.piaui.folha.uol.com.br/iberia-ou-siberia/>. Acesso em: 9 mar. 2023.

_____. "O evolucionista", *piauí*, ed. 134, nov. 2017. Disponível em: <www.piaui.folha.uol.com.br/materia/o-evolucionista/>. Acesso em: 9 mar. 2023.

"EXPOSIÇÕES no Museu Paulista", *Folha de S.Paulo*, Terceiro Caderno, 30 jul. 1978, p. 32.

FIGUEIREDO, Diva Maria Freire; LOPES, Myriam Bahia. "Percepções da paisagem da Serra da Capivara-PI", *Revista Paisagem e Ambiente: Ensaios*, São Paulo, v. 32, n. 48, 2021. Disponível em: <www.revistas.usp.br/paam/article/view/182681>. Acesso em: 9 mar. 2023.

FUMDHAMENTOS. *Revista da Fundação Museu do Homem Americano*, v. 1, n. 1, São Raimundo Nonato, FUMDHAM, 1996. Disponível em: <www.fumdham.org.br/cpt_revistas/fumdhamentos-i-1996/>. Acesso em: 9 mar. 2023.

GAUDÊNCIO, Jéssica da Silva. "Niède Guidon: a cientista brasileira responsável pelo tesouro arqueológico nacional", *Revista História da Ciência e Ensino*, v. 18 (Especial), pp. 76-87, out. 2018. Disponível em: <revistas.pucsp.br/index.php/hcensino/article/view/36809>. Acesso em: 9 mar. 2023.

GUIDON, Niéde. "Pedra Furada", *Folha de S.Paulo*, Opinião/Painel do leitor, 10 mar. 1995. Disponível em: <www1.folha.uol.com.br/fsp/1995/3/10/opiniao/10.html>. Acesso em: 9 mar. 2023.

BIBLIOGRAFIA

GUIDON, Niède; DÉLIBRIAS Georgette. "Carbon-14 Dates Point to Man in the Americas 32,000 Years Ago" [Datações de carbono-14 apontam para homem nas Américas há 32.000 anos], *Nature*, n. 321, 19 jun. 1986, pp. 769–71.

GUIDON, Niéde; PESSIS, Anne-Marie; PARENTI, Fabio *et al.* "Nature and Age of Deposits in Pedra Furada, Brazil: Reply to Meltzer, Adovasio & Dillehay" [Natureza e idade dos depósitos na Pedra Furada, Brasil: resposta a Meltzer, Adovasio & Dillehay], *Antiquity*, v. 70, n. 268, jun. 1996, p. 408.

"INTERARTES supera as expectativas", *Meio Norte*, 22 set. 2003, p. A/10.

KATZ, Helena. "Festival mostra como a arte leva à cidadania", *O Estado de S. Paulo*, 1º out. 2003. Acesso em: 9 mar. 2023.

LEITE, Marcelo. "A vingança é um prato de ossos", *Folha de S.Paulo*, 30 abr. 2017. Disponível em: <m.folha.uol.com.br/colunas/marceloleite/2017/04/1879538-a-vinganca-e-um-prato-de-ossos.shtml?>. Acesso em: 9 mar. 2023.

_____. "O país sem pré-história: a falha arqueológica do Brasil", *Folha de S.Paulo*, Mais!, 19 mar. 2000. Disponível em: <www1.folha.uol.com.br/fsp/mais/fs1903200003.htm>. Acesso em: 9 mar. 2023.

JOHN, Liana. "Ameaças de morte em parque do Piauí", *O Estado de S. Paulo*, Geral, 23 jan. 2002, p. A12.

LOPES, Reinaldo José. "Nós não viemos dos macacos", *Superinteressante*, 5 abr. 2012. Disponível em: <www. super.abril.com.br/ciencia/nos-nao-viemos-dos-macacos>. Acesso em: 9 mar. 2023.

MADEIRA, Nara; VIANA, Elton; LEMOS, Saul *et al.* "Niède Guidon: memórias pintadas na pedra ou um olhar para o passado, presente e futuro", *Revista Entrevista*, Fortaleza, n. 13, ago. 2000, pp. 85–110. Disponível em: <repositorio.ufc.br/bitstream/riufc/35484/1/2000_art_nguidon.pdf>. Acesso em: 27 jan. 2023.

MARANCA, Silvia. "A Toca do Gongo I: Abrigo com sepultamentos no estado do Piauí", *Revista do Museu Paulista*, São Paulo, v. 23, 1976.

MARREIROS, Lucas. "Operação apreende mais de 150 animais no Sul do Piauí; 25 estão ameaçados de extinção", *Portal G1 Piauí*, 23 ago. 2019. Disponível em: <www.g1.globo.com/pi/piaui/noticia/2019/08/23/operacao-apreende-mais-de-150-animais-no-sul-do-piaui-25-estao-ameacados-de-extincao.ghtml>. Acesso em: 27 jan. 2023.

MELTZER, David J.; ADOVASIO, James M.; DILLEHAY, Tom. "On a Pleistocene Human Occupation at Pedra Furada, Brazil" [Sobre uma ocupação humana pleistocênica na Pedra Furada, Brasil], *Antiquity*, v. 68, n. 261, dez. 1994.

"MULTIDÃO aplaude o 1º Interartes", *Meio Norte*, 21 set. 2003, capa.

NAGIB, Lúcia. "Arqueologia tateante", *Folha de S.Paulo*, Ciência, 29 out. 2000. Disponível em: < www1.folha.uol.com.br/fsp/ciencia/fe2910200002.htm>. Acesso em: 27 jan. 2023.

"'NÃO quero homenagem, eu quero é dinheiro para o parque', diz Niède", *Cidade Verde*, 22 ago. 2016. Disponível em: <cidadeverde.com/noticias/227854/nao-quero-homenagem-eu-quero-e-dinheiro-para-o-parque-diz-niede>. Acesso em: 27 jan. 2023.

NEVES, Walter.; NEVES Eduardo. "Pedra Furada", *Folha de S.Paulo*, Opinião/Painel do leitor, 29 jan. 1995. Disponível em: <www1.folha.uol.com.br/fsp/1995/1/29/opiniao/10.html>. Acesso em: 9 mar. 2023.

OLIVEIRA, Jaime de Santana; BORGES, Jóina Freitas. "Sociedade, arqueologia e patrimônio: as relações de pertencimento da comunidade Zabelê com a área arqueológica do Parque Nacional Serra da Capivara (PNSC)", *Revista História UnicaP*, v. 2, n. 3, jan.–jun. 2015. Disponível em: < www1.unicap.br/ojs/index.php/historia/article/view/579>. Acesso em: 9 mar. 2023.

PARENTI, Fabio. "Além da Pedra Furada: o interior do nordeste do Brasil. Problemas e perspectivas", *Revista de Arqueologia*, v. 12-13, 1999-2000. Disponível em: <revista.sabnet.org/ojs/index.php/SAB/article/view/151>. Acesso em: 9 mar. 2023.

PESSOA, André. "Museu da Natureza reconhece mateiros da Serra da Capivara", *Meio Norte*, 29 dez. 2018. Disponível em: <www.meionorte.com/noticias/museu-da-natureza-reconhece-mateiros-da-serra-da-capivara-351299?fbclid=IwAR2Bhp0ef5EZfTju7o4LYsNoLIdSVxEFyvrqVjC6LYl807FQk1R2EaX6ZFc>. Acesso em: 9 mar. 2023.

"PIAUÍ terá museu para achados arqueológicos", *Folha de S.Paulo*, Educação e Ciência, 25 jun. 1986, p. 16.

PIVETTA, Marcos. "Niède Guidon: a arqueóloga diz que *Homo sapiens* já estava no Piauí há 100 mil anos", *Revista Pesquisa Fapesp*, abr. 2008. Disponível em: <revistapesquisa.fapesp.br/niede-guidon>. Acesso em: 9 mar. 2023.

PROUS, André. "O povoamento da América visto do Brasil – uma perspectiva crítica", *Revista USP*, n. 34, 30 ago. 1997.

SERRA, Cristina. "Niéde Guidon, meio século de luta na Serra da Capivara", *Projeto Colabora*, [s.l.], 13 jun. 2020. Disponível em: <projetocolabora.com.br/ods11/meio-seculo-de-luta-na-serra-da-capivara/>. Acesso em: 9 mar. 2023.

SILVEIRA, Evanildo da. "Falta de verba ameaça tesouro arqueológico", *O Estado de S. Paulo*, 28 nov. 2003, p. A11.

SIMÃO, Isaac. "As vidas do Parque Nacional da Serra da Capivara", *((o))eco*, 18 jun. 2017. Disponível em: <www.oeco.org.br/analises/as-vidas-do-parque-nacional-da-serra-da-capivara/>. Acesso em: 27 jan. 2023.

SOUSA, Maria Sueli Rodrigues de. "Deslocamento forçado de posseiros e pequenos proprietários do Parque Nacional da Serra da Capivara – estratégia de proteção ambiental ou violação de direitos humanos?", *Revista do Mestrado em Direito UCB*, v. 5, jul.–dez. 2011, pp. 410–29.

SOUSA, Maria Sueli Rodrigues de; PESSOA, Savina Priscila Rodrigues. "Desenvolvimento e proteção ambiental, quem paga por isso? Os direitos fundamentais de tradicionais e quilombolas nas políticas de desenvolvimento e de proteção ambiental", *Informe Econômico*, v. 35, n. 2, dez. 2015.

SPERB, Paula. "Cocozinho petrificado de índio barra licenciamento de obras, diz Bolsonaro", *Folha de S.Paulo*, 12 ago. 2019. Disponível em: <www1.folha.uol.com.br/mercado/2019/08/cocozinho-petrificado-de-indio-barra-licenciamento-de-obras-diz-bolsonaro.shtml>. Acesso em: 14 mar. 2023.

"UNIVERSITÁRIAS da USP agredidas na Via Anchieta", *O Estado de S. Paulo*, 3 mar. 1963, p. 16.

WILFORD, John Noble. "New Finds Challenge Ideas on Earliest Americans" [Novas descobertas desafiam ideias sobre primeiros americanos], *The New York Times*, 22 jul. 1986, Section C, p. 1.

_____. "Doubts Cast on Report Of Earliest Americans" [Dúvidas lançadas sobre o relatório dos primeiros americanos], *The New York Times*, 14 fev. 1995, Section C, p. 12. Disponível em: < https://www.nytimes.com/1995/02/14/science/doubts-cast-on-report-of-earliest-americans.html>. Acesso em: 14 mar. 2023.

TESES, DISSERTAÇÕES E PARTICIPAÇÕES
EM SEMINÁRIOS

ABREU, Luiz de (Luiz Augusto Barbosa). *A iminência do samba: análise do processo de criação da coreografia O samba do crioulo doido.* 2016. 136 pp. Dissertação (Mestrado em Artes) – Universidade Federal de Uberlândia, Uberlândia, 2016. Disponível em: <repositorio.ufu.br/handle/123456789/28997>. Acesso em: 9 mar. 2023.

BIBLIOGRAFIA

DUARTE, Cristiane Delfina Santos. *A mulher original: produção de sentidos sobre a arqueóloga Niéde Guidon*. 2015. 242 pp. Dissertação (mestrado) – Universidade Estadual de Campinas, Instituto de Estudos da Linguagem e Laboratório de Estudos Avançados em Jornalismo, Campinas. Disponível em: <hdl.handle.net/20.500.12733/1625602>. Acesso em: 9 mar. 2023.

LANDIM, Pereira Paes Landim; OLIVEIRA, Ana Estela de Negreiros. "Caminhos da borracha: memória e patrimônio dos maniçobeiros do sudeste do Piauí", in *XII Encontro Nacional de História Oral Política, Ética e Conhecimento*, Universidade Federal do Piauí, maio 2014. Disponível em: < www.encontro2014.historiaoral.org.br/resources/anais/8/1397341356_ARQUIVO_artigoHistoriaOral-Joseane.pdf>. Acesso em: 9 mar. 2023.

MARTINS, Adriana Maria Ferreira. *Parque Nacional Serra da Capivara: patrimônio cultural da humanidade*. 2011. Dissertação (Mestrado Profissional em Bens Culturais e Projetos Sociais) – Centro de Pesquisa e Documentação de História Contemporânea do Brasil, Fundação Getulio Vargas, Rio de Janeiro, 2011.

AUDIOVISUAL

"DONA Sebastiana ganha o tão sonhado casamento", 2021. 1 vídeo (6m34s). Publicado pelo canal *Programa Eliana*, 28 nov. 2021, Disponível em: <www.youtube.com/watch?v=1mkqkwfZ4cI>. Acesso em: 9 mar. 2023.

"EVOLUÇÃO e dispersão dos hominídeos (parte 2: demasiado humanos)", 9 out. 2020. 1 vídeo (98min). Publicado pelo *Canal do Pirulla*. Disponível em: <www.youtube.com/watch?v=IK10Iqqzv1c>. Acesso em: 9 mar. 2023.

NIÈDE [documentário], direção de Tiago Tambelli, Brasil, Elo Company, 2019.

"NIÈDE Guidon", *Programa Roda Viva*, 29 set. 2014, disponível em: <www.youtube.com/watch?v=AXa2e5AcU0E>. Acesso em: 9 mar. 2023.

"O CASAMENTO de Niède" [depoimento], Museu da Pessoa, 17 mar. 2008. Disponível em: <acervo.museudapessoa.org/pt/conteudo/historia/o-casamento-de-niede-44585>. Acesso em: 9 mar. 2023.

PATRIMÔNIO da Caatinga [documentário], direção Tony Nogueira e Sérgio Túlio Caldas, Brasil, DGT Filmes, 2003.

PRÉ-HISTÓRIAS da Pedra Furada [documentário], direção Carlos Alberto Vicalvi, Brasil, TV Cultura de São Paulo, Produção TV Cultura, 1992.

PINHO, Ana; GUIMARÃES, Bia; AZOUBEL, Sarah. "A lasca que falta", *Podcast 37 Graus*, 27 out. 2020. Disponível em: <www.37grauspodcast.com/episodios/a-lasca-que-falta/>. Acesso em: 9 mar. 2023.

THE INCREDIBLE Human Journey [A incrível jornada humana] [documentário], produção Paul Bradshaw e Kim Shilinglaw, Reino Unido: BBC, 2009.

LEGISLAÇÃO

BRASIL. Lei n. 4.771, de 15 de setembro de 1965, Diário Oficial da União, Seção 1, 16 set. 1965, p. 9529. Disponível em: <www2.camara.leg.br/legin/fed/lei/1960-1969/lei-4771--15-setembro-1965-369026-publicacaooriginal-1-pl.html>. Acesso em: 9 mar. 2023.

_____. Decreto n. 83.548, de 5 de junho de 1979, Diário Oficial da União, Seção 1, 6 jun. 1979, p. 8035. Disponível em: < https://www2.camara.leg.br/legin/fed/decret/1970-1979/decreto-83548-5-junho-1979-432852-publicacaooriginal-1--pe.html>. Acesso em: 9 mar. 2023.

_____. [Constituição (1988)]. Constituição da República Federativa do Brasil de 1988. Brasília, DF: Presidência da

República, Brasil, 1988a, cap. VIII – Dos índios, art. 231. Disponível em: <www.planalto.gov.br/ccivil_03/constituicao/constituicao.htm>. Acesso em: 9 mar. 2023.

_____. [Constituição (1988)]. Constituição da República Federativa do Brasil de 1988. Brasília, DF: Presidência da República, Brasil, 1988b, Ato das Disposições Constitucionais Transitórias, art. 68. Disponível em: <www.planalto.gov.br/ccivil_03/constituicao/constituicao.htm#adct>. Acesso em: 9 mar. 2023.

_____. Decreto n. 6.040, de 7 de fevereiro de 2007, Diário Oficial da União, Seção 1, 8 fev. 2007, p. 316. Disponível em <www.planalto.gov.br/ccivil_03/_ato2007-2010/2007/decreto/d6040.htm>. Acesso em: 9 mar. 2023.

PESSOAS ENTREVISTADAS

Adailton de Castro Braga, André Pessoa, André Prous, André Strauss, Antônio Carlos Nogueira, Aurélio Paes Landim, Elizabete Buco, Claudete Ferreira Paes Leme, Diolinda Ruben de Macedo, Elenita da Silva, Erotildes Francisca de Souza Silva (dona Nenê), Girleide Oliveira, Gisela de Souza Paes Landim, Iderlan de Souza Santana, Isabela Brito de Souza, James de Castro Baldoino, Joãozinho da Borda, José Alves Souza, José Neiva, José Paes Landim, Laura Kotscho, Lina do Carmo, Maira Alves, Marcelo Leite, Marcia Chame, Maria de Fátima Paes Landim, Marian Rodrigues, Mario Afonso Paes Landim, Maura Ferreira Paes Landim, Maurício Guetta, Niéde Guidon, Nivaldo Coelho de Oliveira, Nurit Bensusan, Paula Alves, Pedro Alcântara de Jesus Silva (seu Nôca), Raimunda da Silva Paes Landim, Raimundo Esdras Nunes de Macedo, Reinaldo Lopes, Rosa Trakalo, Sebastiana Sanfoneira, Silvia Maranca, Silvio Hotimsky, Tetela de Oliveira, Veronice Holanda de Souza Araújo, Walter Neves, Waltércio Torres e Ximena Suarez Villagran.

A primeira edição deste livro foi impressa em 2023,
quando se comemoram os 90 anos de Niéde Guidon,
arqueóloga franco-sertaneja que tem dedicado a vida
à preservação do Parque Nacional Serra da Capivara,
patrimônio da humanidade.

*

A capa deste livro foi composta na tipografia Elza (Blackletra)
e impressa em cartão supremo. O miolo foi composto em
Minion Pro (Robert Slimbach) e impresso em papel off-white,
no Sistema Cameron da Divisão Gráfica da Distribuidora Record.